QUESTÕES POLÊMICAS
DA ADMINISTRAÇÃO PÚBLICA

Coordenadores
Valmir Leôncio da Silva e Eurípedes Sales

ABRÃO BLUMEN
ÁLVARO T. HERMAN SALEM CAGGIANO
MICHEL RAFAEL DE ARAÚJO
PATRÍCIA VERÔNICA CARVALHO SOBRAL DE SOUZA
VALMIR LEÔNCIO DA SILVA

QUESTÕES POLÊMICAS DA ADMINISTRAÇÃO PÚBLICA
PROCESSO ADMINISTRATIVO

Peculiaridades das Contratações Públicas sob a ótica da Lei Geral de Licitação e do Regime Diferenciado de Contratação

Processo de Planejamento Público e Execução Orçamentária

Controle Interno como Suporte Estratégico de Governança no Setor Público

Belo Horizonte

2015

COLEÇÃO FÓRUM
CONTAS PÚBLICAS

© 2015 Editora Fórum Ltda.

É proibida a reprodução total ou parcial desta obra, por qualquer meio eletrônico, inclusive por processos xerográficos, sem autorização expressa do Editor.

Conselho Editorial

Adilson Abreu Dallari
Alécia Paolucci Nogueira Bicalho
Alexandre Coutinho Pagliarini
André Ramos Tavares
Carlos Ayres Britto
Carlos Mário da Silva Velloso
Cármen Lúcia Antunes Rocha
Cesar Augusto Guimarães Pereira
Clovis Beznos
Cristiana Fortini
Dinorá Adelaide Musetti Grotti
Diogo de Figueiredo Moreira Neto
Egon Bockmann Moreira
Emerson Gabardo
Fabrício Motta
Fernando Rossi

Flávio Henrique Unes Pereira
Floriano de Azevedo Marques Neto
Gustavo Justino de Oliveira
Inês Virgínia Prado Soares
Jorge Ulisses Jacoby Fernandes
Juarez Freitas
Luciano Ferraz
Lúcio Delfino
Marcia Carla Pereira Ribeiro
Márcio Cammarosano
Marcos Ehrhardt Jr.
Maria Sylvia Zanella Di Pietro
Ney José de Freitas
Oswaldo Othon de Pontes Saraiva Filho
Paulo Modesto
Romeu Felipe Bacellar Filho
Sérgio Guerra

EDITORA
Fórum

Luís Cláudio Rodrigues Ferreira
Presidente e Editor

Coordenação editorial: Leonardo Eustáquio Siqueira Araújo
Revisão: Gabriela Sbeghen

Av. Afonso Pena, 2770 – 16º andar – Funcionários – CEP 30130-007
Belo Horizonte – Minas Gerais – Tel.: (31) 2121.4900 / 2121.4949
www.editoraforum.com.br – editoraforum@editoraforum.com.br

B658q   Blumen, Abrão.
         Questões polêmicas da administração pública / Abrão Blumen, Álvaro T Herman Salem Caggiano, Michel Rafael de Araújo, Patrícia Verônica Carvalho Sobral de Souza, Valmir Leôncio da Silva. Coordenação: Valmir Leôncio da Silva e Eurípedes Sales – 1. ed. – Belo Horizonte: Fórum, 2015.
         146p. (Coleção Fórum Contas Públicas)
         ISBN 978-85-450-0069-3

         1. Direito Financeiro. 2. Direito Municipal. 3. Direito Público.
         I. Título. II. Blumen, Abrão. III. Coleção. IV. Caggiano, Álvaro T. Herman Salem. V. Araújo, Michel Rafael de. VI. Souza, Patrícia Verônica Carvalho Sobral de. VII. Silva, Valmir Leôncio da.

                        CDD: 343.032
                        CDU: 347.73

Informação bibliográfica deste livro, conforme a NBR 6023:2002 da Associação Brasileira de Normas Técnicas (ABNT):

BLUMEN, Abrão et al. Questões polêmicas da administração pública. 1. ed. Belo Horizonte: Fórum, 2015. 146p. (Coleção Fórum Contas Públicas)

Aos membros do Tribunal de Contas do Município de São Paulo e do Tribunal de Contas do Estado de Sergipe,

ao nosso inestimável corpo docente das Escolas de Contas;

e

aos servidores e funcionários das Escolas de Contas.

Aos nossos queridos alunos.

SUMÁRIO

CAPÍTULO 1
PROCESSO ADMINISTRATIVO 11
1 PROCESSO 11
2 PROCESSO ADMINISTRATIVO 11
3 PROCESSO ADMINISTRATIVO E SEUS PRINCÍPIOS 13
4 FINALIDADES DO PROCESSO ADMINISTRATIVO 17
5 DISTINÇÃO ENTRE PROCESSO E PROCEDIMENTO 17
6 ESPÉCIES DE PROCESSO ADMINISTRATIVO 18
7 FASES DO PROCESSO ADMINISTRATIVO 18
7.1 Instauração 19
7.2 Instrução 19
7.3 Relatório 20
7.4 Decisão 20
8 RECURSO ADMINISTRATIVO 21
9 REVISÃO ADMINISTRATIVA 21
10 QUESTÕES E RESPOSTAS COMPLEMENTARES AO TEMA ... 22
REFERÊNCIAS 25

CAPÍTULO 2
LICITAÇÃO E CONTRATOS – PECULIARIDADES DAS CONTRATAÇÕES PÚBLICAS SOB A ÓTICA DA LEI GERAL DE LICITAÇÃO E DO REGIME DIFERENCIADO DE CONTRATAÇÃO 27
1 INTRODUÇÃO 27
2 DA APLICABILIDADE DO PRINCÍPIO DA ISONOMIA NAS LICITAÇÕES E CONTRATAÇÕES DA ADMINISTRAÇÃO PÚBLICA 28
3 DA LICITAÇÃO DESERTA E DA LICITAÇÃO FRACASSADA ... 33
4 DAS CONDIÇÕES NECESSÁRIAS PARA A DISPENSA LICITATÓRIA 33
4.1 Caracterização da situação de emergência 38
4.2 Fracionamento de despesa na licitação 40
5 DA NECESSIDADE DO PROJETO BÁSICO/TERMO DE REFERÊNCIA NAS LICITAÇÕES 40
6 DA VALIDAÇÃO DA ATA DE REGISTRO DE PREÇOS 42
7 DA APLICABILIDADE DO PRINCÍPIO DA ECONOMICIDADE NAS LICITAÇÕES 44
8 DAS VANTAGENS E DA OBRIGATORIEDADE DA MODALIDADE PREGÃO 45

9	DESCUMPRIMENTO DO EDITAL EM RELAÇÃO AO CONTRATO POSTERIORMENTE ASSINADO	47
10	DO REGIME DIFERENCIADO DE CONTRATAÇÃO	48
11	CONCLUSÃO	49
12	QUESTÕES E RESPOSTAS COMPLEMENTARES AO TEMA	52
	REFERÊNCIAS	68

CAPÍTULO 3
PROCESSO DE PLANEJAMENTO, EXECUÇÃO ORÇAMENTÁRIA E ELABORAÇÃO DAS DEMONSTRAÇÕES FINANCEIRAS 73

1	INTRODUÇÃO AO TEMA	73
2	DA CONTABILIDADE PÚBLICA	74
2.1	Objetivo	75
3	PLANEJAMENTO PÚBLICO	75
3.1	Plano plurianual - PPA	76
3.1.1	Conceito	76
3.1.2	Quando elaborar	77
3.1.3	Os indicadores	79
3.2	Lei de Diretrizes Orçamentárias – LDO	80
3.2.1	Conceito	80
3.2.2	Anexo de Riscos Fiscais	82
3.2.3	Quando elaborar	82
3.3	Lei Orçamentária Anual – LOA	82
3.3.1	Conceito	82
3.3.2	Da proposta orçamentária	83
3.3.3	Composição da LOA	84
3.3.4	Vedações	84
3.3.5	Quando elaborar	84
3.3.6	Definição geral do orçamento público	85
3.4	Princípios orçamentários	85
3.4.1	Anualidade	86
3.4.2	Equilíbrio	86
3.4.3	Exclusividade	86
3.4.4	Legalidade	87
3.4.5	Não afetação da receita ou não vinculação	87
3.4.6	Unidade	87
3.4.7	Universalidade	87
4	INGRESSOS PÚBLICOS	88
4.1	Conceito	88
4.2	Regulamentação	89
4.2.1	Ingressos orçamentários	89
4.2.2	Ingressos extraorçamentários	90
4.3	Contabilização	90
4.3.1	Receita pública efetiva	91

4.3.2 Receita pública não efetiva 91
4.3.3 Reconhecimento da receita pública 91
4.3.4 Recebimento de receita pública 91
4.4 Fluxo da receita pública no contexto geral..91
4.5 Classificação econômica da receita pública.......................................92
4.5.1 Receitas correntes 92
4.5.2 Receitas de capital 92
4.6 Codificação orçamentária da receita 92
4.6.1 Natureza da receita..92
4.6.2 Detalhamento de código da natureza da receita orçamentária...........93
4.7 Regime de execução orçamentária da receita pública....................94
4.7.1 Conceito orçamentário 94
4.7.2 Conceito contábil...95
5 DISPÊNDIOS PÚBLICOS 95
5.1 Conceito...95
5.2 Classificação..96
5.2.1 Despesa orçamentária 96
5.2.2 Despesa extraorçamentária 96
5.2.3 Classificação da despesa 97
6 CRÉDITOS ADICIONAIS..103
7 QUESTÕES E RESPOSTAS COMPLEMENTARES AO TEMA..........105
REFERÊNCIAS..116

CAPÍTULO 4
CONTROLE INTERNO COMO SUPORTE ESTRATÉGICO DE
GOVERNANÇA NO SETOR PÚBLICO..119
1 INTRODUÇÃO 119
2 ENTENDENDO O CONTROLE INTERNO...................................120
2.1 Controle da Administração Pública 120
2.2 Objetivos do controle interno...120
3 FUNDAMENTAÇÃO LEGAL DO CONTROLE INTERNO........120
3.1 Lei Federal nº 4.320/64...121
3.2 Decreto-Lei nº 200/67..121
3.3 Constituição Federal de 1988 121
3.4 Lei Complementar nº 101/2000 – Lei da Responsabilidade
 Fiscal (LRF) 122
4 SISTEMA DE CONTROLE INTERNO 122
4.1 Definição de sistema..122
4.2 O que é um sistema de controle interno? 123
4.3 Organização administrativa de um sistema de controle interno.......124
5 QUESTÕES E RESPOSTAS COMPLEMENTARES AO TEMA..........125

APÊNDICE
MINUTA DE PROJETO DE LEI PARA IMPLANTAÇÃO DO SISTEMA
DE CONTROLE INTERNO..139

MODELO DE PROJETO DE LEI PARA A ORGANIZAÇÃO DO SISTEMA DE CONTROLE INTERNO NOS MUNICÍPIOS (CONTROLADORIA E AUDITORIA)..139
REFERÊNCIAS..146

CAPÍTULO 1

PROCESSO ADMINISTRATIVO

ÁLVARO T. HERMAN SALEM GAGGIANO

MICHEL RAFAEL DE ARAUJO

1 PROCESSO

Segundo o *Dicionário Aurélio da Língua Portuguesa*, "processo" vem do latim *"processu* 1. é o Ato de proceder, de ir adiante; seguimento, curso, marcha".[1] Assim, o processo é o desenvolvimento de alguma coisa e, para o Estado, o processo é o instrumento utilizado para o exercício de suas funções, através da sucessão de atos coordenados.

Quando o Estado almeja elaborar uma lei, utiliza-se do processo legislativo; se a intenção é aplicar a lei para dirimir conflito de interesse, vale-se do processo judicial; por fim, se o intuito for aplicar a lei para gerir os interesses da coletividade, recorre ao processo administrativo.

2 PROCESSO ADMINISTRATIVO

O processo administrativo é o instrumento de que dispõe o Estado para atingir as suas finalidades e, ao mesmo tempo é a garantia da atuação estatal com a observância dos princípios e regras de direito público, realizadas em consonância com os parâmetros fixados em lei e respeitados os direitos dos administrados. Nele registram-se os atos administrativos realizados.

---

[1] FERREIRA, Aurélio Buarque de Holanda. *Novo Aurélio Século XXI*: o dicionário da língua portuguesa. 3. ed. revis. e ampl. Rio de Janeiro: Nova Fronteira, 1999. p. 1641.

Para Maria Sylvia Zanella Di Pietro (2011):

a expressão *processo administrativo*, na linguagem corrente, é utilizada em sentidos diferentes:
1. em um primeiro sentido, designa o conjunto de papéis e documentos organizados numa pasta e referentes a um dado assunto de interesse do funcionário ou da administração;
2. é ainda usada como sinônimo de processo disciplinar, pelo qual apuram as infrações administrativas e se punem os infratores; nesse sentido é empregado o artigo 41, §1º, da Constituição Federal, quando diz que o servidor público estável só perderá o cargo em virtude de sentença judicial transitada em julgado ou mediante *processo administrativo* em que lhe seja assegurada ampla defesa;
3. em sentido mais amplo, designa o conjunto de atos coordenados para a solução de uma controvérsia no âmbito administrativo;
4. como nem todo processo administrativo envolve controvérsia, também se pode falar em sentido ainda mais amplo, de modo a abranger a série de atos preparatórios de uma decisão final da Administração.[2]

Em âmbito federal o processo administrativo é disciplinado pela Lei nº 9.784/1999, aplicável à administração federal direta e indireta, dos Poderes Executivo, Legislativo e Judiciário no exercício da função administrativa. Antes da edição dessa lei, só havia alguns dispositivos esparsos sobre um ou outro procedimento. A mencionada lei sistematizou os princípios e regras aplicáveis ao processo administrativo, com incidência subsidiária inclusive aos processos administrativos específicos. Os estados e os municípios devem promulgar a sua própria lei sobre o tema – no estado de São Paulo o processo administrativo é regido pela Lei nº 10.177/1998.

A lei contém princípios da Administração Pública, dispõe sobre os direitos e os deveres dos administrados; fixa competência; determina impedimento e suspeição do julgador; estipula a forma, o tempo e o lugar em que o ato deve ser praticado; traça normas relacionadas à instrução do processo administrativo; dispõe ainda sobre decisão, motivação, anulação, revogação e convalidação do ato administrativo, prevê recurso administrativo e fixa prazos.

---

[2] DI PIETRO, Maria Sylvia. *Direito Administrativo*. 12. ed. São Paulo: Atlas, 2000. p. 482-483.

3 PROCESSO ADMINISTRATIVO E SEUS PRINCÍPIOS

A atuação da administração por intermédio do processo administrativo, que venha a se conformar ao ordenamento jurídico em vigor, mantém um insuperável vínculo com o princípio constitucional do *devido processo legal*, expresso no inc. LIV, do art. 5º, do nosso Texto Fundamental, *in verbis*: "Ninguém será privado da liberdade ou de seus bens sem o devido processo legal".

Registre-se que o *standard* do devido processo legal é axioma que serve de base e pressuposto de outros princípios, estes, a seu turno, aplicáveis ao processo administrativo. É que, com supedâneo nesse princípio, emergem os demais, que norteiam o panorama do processo administrativo e incidem sobre este específico campo.

Sob o comando do devido processo legal, alcança-se um processo administrativo que encampe e respeite os valores da justiça e da igualdade, isto é, que siga as formalidades previstas na regra, respeitando-se as garantias e os direitos individuais.

Descortina a doutrina, ainda, uma análise que culmina na identificação de duas marcantes dimensões do processo administrativo: o *processo administrativo substancial* e o *processo administrativo formal*. Sobre o tema, registra Celso Antônio Bandeira de Mello:[3]

> Estão aí consagrados, pois, a exigência de um processo formal e regular para que sejam atingidas a liberdade e a propriedade de quem quer que seja e a necessidade de que a Administração Pública, antes de tomar decisões gravosas a um dado sujeito, ofereça-lhe oportunidade de contraditório e de defesa ampla, no que se inclui o direito a recorrer das decisões tomadas. Ou seja: a Administração Pública não poderá proceder contra alguém passando diretamente à decisão que repute cabível, pois terá, desde logo, o dever jurídico de atender ao contido nos mencionados versículos constitucionais.

Portanto, merece especial destaque o devido processo legal, cláusula que, além de garantir um processo administrativo materialmente e formalmente legítimo, constitui, de outra parte, base para a operabilidade e aplicação de todos os demais princípios que atingem o processo administrativo.

A partir do exame do devido processo legal, propõe-se a investigação, em um momento inicial, dos princípios que conduzem o processo

---

[3] BANDEIRA DE MELLO, Celso Antônio. *Curso de Direito Administrativo*. 29. ed. São Paulo: Malheiros, 2012. p. 118.

administrativo, previstos na Constituição Federal de 1988, quais sejam, a *ampla defesa*, o *contraditório* (inc. LV, do art. 5º) e a duração razoável do processo (inc. LXXVIII, do art. 5º), este último introduzido pela Emenda Constitucional nº 45, de 9.12.2004.

Abordaremos ainda os princípios do *formalismo moderado*, da *oficialidade* e da *verdade material*, que decorrem da produção doutrinária e jurisprudencial, podendo, no entanto, ser textualmente detectados no âmbito da Lei nº 9.784/99, que regula o processo administrativo em âmbito federal.

Pois bem, o princípio do contraditório tem previsão expressa no inc. LV, do art. 5º, da Constituição Federal de 1988, e vem reforçado expressamente na Lei nº 9.784/99, em seu art. 2º. Ao lado do princípio da ampla defesa, tem por fundamento a própria garantia do devido processo legal.

A professora Ada Pellegrini Grinover[4] define o contraditório como sendo a possibilidade de "tecnicamente contradizer a posição contrária". Já a professora Odete Medauar[5] recorda que doutrinariamente há um entendimento já assentado, que conduz à visualização do contraditório no binômio informação-reação.

Cintra, Grinover e Dinamarco[6] assim conceituam e sintetizam o princípio do contraditório, encampando a ideia do binômio informação-reação: "[...] dois elementos: (a) informação; (b) reação (esta, meramente possibilitada nos casos de direito disponíveis)".

Ferraz e Dallari[7], de sua parte, propõem:

> A instrução do processo deve ser contraditória. Isso significa [acentuam os autores] que não basta que a Administração Pública, por sua iniciativa e por seus meios, colha os argumentos ou provas que lhe pareçam significativos para a defesa dos interesses do particular. É essencial que, ao interessado ou acusado, seja dada a possibilidade de produzir suas próprias razões e provas e, mais que isso, que lhe seja dada a possibilidade de examinar e contestar os argumentos, fundamentos e elementos probantes que lhe sejam desfavoráveis.

---

[4] GRINOVER, Ada Pellegrini. Garantias do contraditório e ampla defesa. *Jornal do Advogado*, São Paulo, n. 175, p. 9, nov. 1990.

[5] MEDAUAR, Odete. *A Processualidade no Direito Administrativo*. 2. ed. São Paulo: Revista dos Tribunais, 2008. p. 101.

[6] CINTRA, Antônio Carlos de Araújo; GRINOVER, Ada Pellegrini; DINAMARCO, Cândido R. *Teoria Geral do Processo*. 27. ed. São Paulo: Revista dos Tribunais, 2011. p. 63.

[7] FERRAZ, Sérgio; DALLARI, Adilson Abreu. *Processo Administrativo*. São Paulo: Malheiros, 2001. p. 72-73.

De todo o exposto, emerge evidente o mandamento contido no princípio do contraditório, ou seja, uma determinação, exigindo que a parte seja efetivamente ouvida, bem como que seus argumentos sejam considerados no julgamento de forma efetiva.

O princípio da ampla defesa vem preconizado, expressamente, no inc. LV, do art. 5º, do texto constitucional. E, a exemplo do contraditório, encontra previsão na Lei nº 9.784/99, mais precisamente no seu art. 2º.

Nas palavras de Hely Lopes Meirelles[8] "[...] por garantia de defesa deve-se entender não só a observância do rito adequado como a cientificação do seu direito, o acompanhar dos atos da instrução e utilizar-se dos recursos cabíveis. [...]".

Portanto, os princípios da ampla defesa e contraditório, considerados "duas faces da mesma moeda", são garantias fundamentais e imprescindíveis para o regular andamento do processo administrativo.

O princípio da duração razoável do processo, inserido no texto da Constituição Federal, por força da Emenda Constitucional nº 45, de 9.12.2004, assegura o desenvolvimento do processo administrativo em tempo razoável, evitando-se, sobretudo, "chicanas" postergatórias.

Para Celso Antônio Bandeira de Mello:[9]

> [...] exige que a Administração atue expeditamente, pois deve proceder com presteza em todo o curso do processo, já que, de acordo com seu fundamento constitucional, residente no art. 5º, LXXVIII, haverá de ter duração "razoável", de maneira a assegurar-se a "celeridade de sua tramitação".

O princípio da oficialidade é axioma confeccionado pela doutrina e reflete a própria função administrativa. Significa o dever de tomar providências pela Administração, bem como o de cumprir a lei.

Celso Antônio Bandeira de Mello[10] pondera

> O fundamento do princípio da oficialidade também se radica na própria natureza constitucional das funções da Administração; isto é, deflui da missão própria do Poder Executivo no sistema de tripartição de Poderes, que a Lei Magna do país contempla no art. 2º. À Administração

---

[8] MEIRELLES, Hely Lopes. *Direito Administrativo Brasileiro*. 33. ed. São Paulo: RT, 2007. p. 690.
[9] BANDEIRA DE MELLO, Celso Antônio. *Curso de Direito Administrativo*. 29. ed. São Paulo: Malheiros, 2012. p. 517.
[10] BANDEIRA DE MELLO, Celso Antônio. *Curso de Direito Administrativo*. 29. ed. São Paulo: Malheiros, 2012. p. 517.

compete tomar a iniciativa – embora sempre fundada em lei – de buscar a realização do interesse público [...].

A título de conclusão, vale invocar as palavras de Hely Lopes Meirelles:[11]

[...] o princípio da oficialidade ou da impulsão atribui sempre a movimentação do processo administrativo à Administração, ainda que instaurado por provocação do particular; uma vez iniciado, passa a pertencer ao Poder Público, a quem compete seu impulsionamento, até a decisão final. Se Administração o retarda, ou dele se desinteressa, infringe o princípio da oficialidade e seus agentes podem ser responsabilizados pela omissão. Outra consequência desse princípio é a de que [...] o processo (não) se extingue pelo decurso do tempo, senão quando a lei expressamente o estabelece.

O princípio da verdade material consiste no dever da Administração em buscar a verdade dos fatos, com foco no interesse público. Celso Antônio Bandeira de Mello[12] assim afirma sobre o princípio: "Consiste em que a Administração, ao invés de ficar restrita ao que as partes demonstrem no procedimento, deve buscar aquilo que é realmente a verdade, com prescindência do que os interessados hajam alegado e provado [...]".

Mesmo para o processo administrativo, a busca pela verdade material encontra limites, realçando-se os valores do contraditório, ampla defesa e devido processo legal. Ora! A Administração não poderá fazer uso, em nome da verdade material, de prova ilícita ou meios ilícitos e até afrontar os direitos e garantias fundamentais.

O princípio do informalismo, no âmbito do processo administrativo, não pode e não deve ser compreendido como ausência de formalismo. Hely Lopes Meirelles[13] assim descreve o axioma: "dispensa ritos sacramentais e formas rígidas [...], principalmente para os atos a cargo do particular. Bastam as formalidades estritamente necessárias à obtenção da certeza jurídica e à segurança procedimental".

Devemos, outrossim, lembrar que os incs. VIII e IX, do art. 2º, da

---

[11] MEIRELLES, Hely Lopes. *Direito Administrativo Brasileiro*. 33. ed. São Paulo: RT, 2007. p. 688.
[12] BANDEIRA DE MELLO, Celso Antônio. *Curso de Direito Administrativo*. 29. ed. São Paulo: Malheiros, 2012. p. 512.
[13] MEIRELLES, Hely Lopes. *Direito Administrativo Brasileiro*. 33. ed. São Paulo: RT, 2007. p. 689.

Lei nº 9.784/99, apontam a ideia do formalismo no processo administrativo federal, impondo-se a garantia das formalidades essenciais e a opção pelas formas simples e necessárias para assegurar segurança e respeito aos direitos dos administrados.

4 FINALIDADES DO PROCESSO ADMINISTRATIVO

O processo administrativo, além de importante ferramenta para a consecução das funções estatais, assegura o controle (prévio, concomitante ou posterior) dos atos administrativos praticados pela Administração Pública.

Sérgio Ferraz e Adilson de Abreu Dallari pontuam muito bem a finalidade e relevância do processo administrativo:

> em suma, dois seriam os sentidos teleológicos do processo administrativo: assegurar a produção e a eficiência (para nós, eficiência é o outro nome que se pode dar a todas as funções estatais – quem sabe, às particulares também –, sobremodo a administrativa) do agir administrativo e maximizar as garantias do administrado.[14]

Dessa forma, as funções do processo administrativo são: instrumento e garantia de atuação pautada na lei, coibindo abusos e excessos por parte da Administração.

Odete Medauar, além das finalidades acima descritas, insere as seguintes: melhor conteúdo das decisões, eficácia das decisões, legitimação do poder, correto desempenho da função, justiça na Administração, aproximação entre administração e cidadãos, sistematização de atuações administrativas, facilitação do controle da Administração e aplicação dos princípios e regras comuns da atividade administrativa.

5 DISTINÇÃO ENTRE PROCESSO E PROCEDIMENTO

Não podemos confundir processo administrativo com procedimento administrativo. Como vimos anteriormente, o processo é o instrumento de que se vale a administração para atingir as suas finalidades, enquanto o procedimento refere-se ao rito, ou seja, o modo pelo qual o processo desenvolve-se internamente, são as etapas, as formalidades

---

[14] FERRAZ, Sérgio; DALLARI, Adilson Abreu. *Processo Administrativo*. 1. ed. São Paulo: Malheiros, 2001. p. 25.

que o processo administrativo deve percorrer para atingir o seu fim.

6 ESPÉCIES DE PROCESSO ADMINISTRATIVO

A doutrina classifica o processo administrativo de acordo com o seu conteúdo e quem melhor explica a tipologia do processo administrativo no direito pátrio é Odete Medauar, a quem recorremos aos ensinamentos:

> A) processo administrativo em que há conflito de interesses:
> 1) processos administrativos de gestão;
> Exemplos: licitação, concursos públicos.
> 2) processos administrativos de outorga;
> Exemplos: licenciamento ambiental, registro de marcas e patentes.
> 3) processos administrativos de verificação (determinação);
> Exemplo: prestação de contas.
> 4) processo administrativo de revisão;
> Exemplos: recursos administrativos, reclamações.
> B) processo administrativo com acusados (sancionadores, punitivos):
> 1) internos – são os processos disciplinares das entidades públicas em seu próprio âmbito;
> exemplos: servidores públicos, alunos de escolas públicas.
> 2) externos – se destinam a apurar infrações e aplicar sanções aos administrados;
> exemplos: aplicação de penalidades a particulares que celebram contratos administrativos com a Administração, infrações relativas à administração fiscal.[15]

7 FASES DO PROCESSO ADMINISTRATIVO

O processo administrativo desenvolve-se através da sequência de atos voltados a uma tomada de decisão pela Administração Pública e, para que essa decisão seja alcançada acertadamente, passa por algumas etapas.

São fases do processo administrativo: a instauração a instrução, o relatório e a decisão.

---

[15] MEDAUAR, Odete. *Direito Administrativo Moderno*. ed. atual. e ampl. São Paulo: Revista dos Tribunais, 2011. p. 183-184.

7.1 Instauração

É a fase inicial, o ato que deflagra o processo administrativo e se dá através de ofício (iniciativa da própria administração) ou a pedido do interessado (particulares, servidores, grupo de pessoas).

O art. 6º[16] da Lei Federal nº 9.784/99 explicita os dados necessários ao requerimento do interessado em provocar a atuação da Administração Pública, o qual deverá conter: I - órgão ou autoridade administrativa a que se dirige; II - identificação do interessado ou de quem o represente; III - domicílio do requerente ou local para recebimento de comunicações; IV - formulação do pedido, com exposição dos fatos e de seus fundamentos e V - data e assinatura do requerente ou de seu representante; além de ser formulado por escrito (excepcionalmente poderá ser proposto verbalmente, quando a lei prever esta possibilidade).

Na falta de algum desses pressupostos, não é dada à Administração a recusa imotivada de prosseguimento para as fases subsequentes, cabe a ela orientar a parte interessada quanto ao suprimento de eventuais falhas.

7.2 Instrução

Essa etapa do procedimento – fase preparatória –, objetiva colher todos os elementos fáticos e jurídicos necessários ao conhecimento da questão tratada, possibilitando um julgamento acertado e justo.

Para tanto é preciso averiguar e comprovar os dados necessários à tomada de decisão pela Administração. O interessado poderá juntar documentos e pareceres, requerer diligências e perícias, obter vista dos autos, tomar conhecimento de todos os atos praticados, bem como aduzir alegações referentes à matéria objeto do processo.

---

[16] Lei Federal nº 9.784/99 [...]
Art. 6º O requerimento inicial do interessado, salvo casos em que for admitida solicitação oral, deve ser formulado por escrito e conter os seguintes dados:
I - órgão ou autoridade administrativa a que se dirige;
II - identificação do interessado ou de quem o represente;
III - domicílio do requerente ou local para recebimento de comunicações;
IV - formulação do pedido, com exposição dos fatos e de seus fundamentos;
V - data e assinatura do requerente ou de seu representante.
Parágrafo único. É vedada à Administração a recusa imotivada de recebimento de documentos, devendo o servidor orientar o interessado quanto ao suprimento de eventuais falhas.

Quando os dados estiverem registrados em documentos existentes na própria Administração responsável pelo processo, ou em outro órgão administrativo, o órgão competente para a instrução proverá, de ofício, à obtenção dos documentos ou das respectivas cópias.

Importante lembrar que a Constituição Federal, ao tratar dos direitos e garantias individuais no art. 5º, inc. LVI,[17] vedou, expressamente, nos processos, em geral, as provas obtidas por meios ilícitos. A lei do processo administrativo, de mesmo modo, trouxe essa proibição em seu art. 30.[18]

Outro dispositivo constitucional que merece igual destaque é o art. 5º, inc. LV,[19] que assegura aos litigantes e aos acusados no processo judicial ou administrativo a ampla defesa e o contraditório.

A ampla defesa é a possibilidade que os acusados, em geral, possuem de defender-se irrestritamente, desde que de modo lícito. O contraditório é o direito concedido aos acusados de tomarem conhecimento de todas as imputações e provas que lhes digam respeito, e sobre elas manifestar.

Antes da tomada de decisão, a critério da autoridade, diante da relevância da questão tratada, poderá ser realizada audiência pública para debater a matéria do processo.

7.3 Relatório

É a peça informativa-opinativa: informativa, uma vez que relata resumidamente todo o apurado no processo administrativo e, ao final, emite um juízo de valor, por isso opinativa. No entanto, a opinião de quem relata não vincula a decisão de quem julga.

Nem todo processo administrativo possui essa fase. Só haverá relatório quando a autoridade ou órgão responsável pela instrução não tiver competência para julgar.

7.4 Decisão

---

[17] Art. 5º da Constituição Federal [...]
LVI - são inadmissíveis, no processo, as provas obtidas por meios ilícitos;
[18] Lei Federal nº 9.784/99 [...]
Art. 30. São inadmissíveis no processo administrativo as provas obtidas por meios ilícitos.
[19] Art. 5º da Constituição Federal [...]
LV - aos litigantes, em processo judicial ou administrativo, e aos acusados em geral são assegurados o contraditório e ampla defesa, com os meios e recursos a ela inerentes;

É a fase final, momento em que a autoridade ou órgão competente emite uma decisão voltada ao exercício de uma função ou atividade administrativa. As decisões que restrinjam ou afetem direito dos administrados, bem como as que envolvam dispêndio de verbas públicas, sempre devem ser motivadas e fundamentadas, nelas a autoridade ou órgão indicará os fatos e os fundamentos jurídicos que a/o conduziu, de acordo com o art. 50[20] da Lei Federal nº 9.784/99.

8 RECURSO ADMINISTRATIVO

A lei do processo administrativo, em seu art. 56[21], prevê recurso para impugnar a decisão administrativa em relação ao mérito ou legalidade da decisão. O recurso será encaminhado à autoridade que proferiu a decisão, a qual poderá reconsiderá-la ou encaminhá-la à autoridade superior para apreciação.

9 REVISÃO ADMINISTRATIVA

Nos termos do art. 65[22] da Lei nº 9.784/99, os processos administrativos que resultem sanção poderão ser revistos, a qualquer tempo, quando surgirem fatos novos ou circunstancias que justifiquem a inadequação da sanção aplicada. No entanto, a revisão não poderá agravar a sanção.

---

[20] Lei Federal nº 9.784/99 [...]
Art. 50. Os atos administrativos deverão ser motivados, com indicação dos fatos e dos fundamentos jurídicos, quando:
I - neguem, limitem ou afetem direitos ou interesses;
II - imponham ou agravem deveres, encargos ou sanções;
III - decidam processos administrativos de concurso ou seleção pública;
IV - dispensem ou declarem a inexigibilidade de processo licitatório;
V - decidam recursos administrativos;
VI - decorram de reexame de ofício;
VII - deixem de aplicar jurisprudência firmada sobre a questão ou discrepem de pareceres, laudos, propostas e relatórios oficiais;
VIII - importem anulação, revogação, suspensão ou convalidação de ato administrativo.

[21] Art. 56. Das decisões administrativas cabe recurso, em face de razões de legalidade e de mérito.
§1º O recurso será dirigido à autoridade que proferiu a decisão, a qual, se não a reconsiderar no prazo de cinco dias, o encaminhará à autoridade superior.

[22] Art. 65. Os processos administrativos de que resultem sanções poderão ser revistos, a qualquer tempo, a pedido ou de ofício, quando surgirem fatos novos ou circunstâncias relevantes suscetíveis de justificar a inadequação da sanção aplicada.
Parágrafo único. Da revisão do processo não poderá resultar agravamento da sanção.

10 QUESTÕES E RESPOSTAS COMPLEMENTARES AO TEMA

1) O que é gestão administrativa?

Gestão administrativa deve ser entendida como o *conjunto de condutas* reguladas pelo direito administrativo, *praticadas pelo Estado*, na função administrativa, *operacionalizadas segundo critérios de legalidade e eficiência e voltadas para o atingimento do interesse público.*

2) Como se manifesta a gestão administrativa?

A *gestão administrativa se manifesta* através de *atos jurídicos administrativos*, os quais, uma vez reunidos em um mesmo procedimento, ensejarão a formação de um *processo administrativo*.

3) O que é processo administrativo?

Processo administrativo é o conjunto de atos jurídicos e administrativos concatenados, necessários e subsequentes entre si, *destinados a produzir um resultado final,* em matéria regulada pelo direito administrativo.

4) Quais são os princípios do processo administrativo?

Os princípios atinentes ao processo administrativo são aqueles previstos na Constituição Federal de 1988, quais sejam, a *ampla defesa* e o *contraditório* (inc. LV, do art. 5º), a *duração razoável do processo* (inc. LXXVIII, do art. 5º), introduzido pela Emenda Constitucional nº 45, de 9.12.2004, e o princípio do *devido processo legal* (inc. LIV, do art. 5º). Também se aplicam os princípios do *formalismo moderado*, da *oficialidade*, da *verdade material*, da *gratuidade*, da *boa-fé* e da *pluralidade de instâncias*, estes últimos são delineados na doutrina e na jurisprudência. Também se aplicam ao processo administrativo os princípios gerais do direito administrativo, expressos no art. 37, *caput*, da Constituição Federal de 1988, quais sejam: *legalidade, impessoalidade, moralidade, eficiência e publicidade*, bem como outros princípios gerais do direito administrativo no que for cabível.

5) Quais são as fontes normativas do processo administrativo?

Cada ente da Federação possui competência para editar normas sobre processo administrativo, uma vez que se trata de matéria afeta à *autonomia dos Entes*, conforme Constituição Federal, art. 18, *caput*. No âmbito federal, a Lei nº 9.784/99 trata sobre processo administrativo não especial aplicável aos organismos públicos federais. Outros processos administrativos especiais, no caso federal, são regulados por outras legislações específicas, como os processos administrativos disciplinares, as licitações e os fiscais, entre outros excluídos da apreciação direta da Lei nº 9.784/99, que se aplica, no que couber, de forma subsidiária aos processos especiais. Geralmente, cada ente da Federação possui sua legislação própria de processo administrativo, sendo que, na ausência, é comum utilizar procedimentos semelhantes àqueles previstos na Lei nº 9.784/99, no entanto, sempre atendendo às exigências dos princípios gerais do direito administrativo como parâmetros normativos.

6) Quais são as fases do processo administrativo?

O processo administrativo possui um curso muito parecido com o processo judicial. Há uma fase inicial, geralmente instaurada mediante portaria – fase essa também denominada *instauração do processo administrativo*. Na sequência, há a *fase da citação e/ou intimação* dos interessados, caso haja necessidade. Depois, fase de produção de provas, denominada *fase instrutória do processo administrativo*. Terminada a fase de instrução, caminha-se para a *fase da defesa* do eventual investigado e segue-se para o *relatório* a ser elaborado pela eventual comissão julgadora. Finalizando-se esse primeiro trâmite, o processo segue para a *decisão pela autoridade competente* e, na sequência, para a *fase recursal*, na qual se pode ter recurso administrativo e recurso hierárquico, cabendo, ainda, a *revisão do processo administrativo*. Cada diploma legal vai regular o trâmite específico dos processos administrativos atinentes.

7) Qual é a finalidade do processo administrativo?

A finalidade do processo administrativo é *assegurar a produção e a eficiência* no âmbito *da Administração Pública, potencializar as garantias do administrado*, bem como possibilitar a fiscalização da atuação administrativa.

8) Quais são as modalidades de processo administrativo?

Os processos administrativos podem ser ampliativos (concessão de aposentadoria) ou restritivos (punição disciplinar) de direitos; *gerais* (pedido de informações) ou *especiais* (licitação); bem como *classificados de acordo com a destinação ou especialidade,* tais como: processos de expediente, outorga, restrições, controle, gestão, punição, financeiro, entre outros.

9) Qual é o fluxo do processo administrativo financeiro referente aos gastos públicos?

O fluxo do processo administrativo financeiro com relação aos gastos públicos segue rito de acordo com a *competência dos agentes públicos envolvidos no respectivo procedimento de gasto público*, tendo como etapas principais:

1 – Pedido da área interessada no bem ou serviço ao setor de compras.
2 – Setor de compras pede autorização para realização da compra.
3 – Setor de compras verifica com o setor de contabilidade se existe orçamento para tal despesa.
4 – Existindo dotação orçamentária, o ordenador da despesa autoriza a realização da compra.
5 – Na sequência, procede-se com o orçamento dos valores e emissão da nota de reserva.
6 – Depois da emissão da reserva, procede-se com a fase licitatória, cabendo ao setor jurídico a realização de parecer justificando a não realização da licitação.
7 – Após a licitação adjudica-se e homologa-se o vencedor.
8 – O ordenador da despesa faz o empenho e o setor contábil emite a nota de empenho.
9 – Procede-se à realização do contrato, se for o caso, bem como entrega da nota de empenho (substitui o contrato) ou contrato ao fornecedor.
10 – Entrega do bem e/ou realização da prestação de serviço.
11 – Aferição da efetiva e adequada prestação dos serviços e/ou entrega do bem e emitida nota de liquidação.
12 – Fase final – pagamento.

REFERÊNCIAS

ALEXANDRINO, Marcelo. *Direito Administrativo Descomplicado*. 16. ed. São Paulo: Método, 2008.

BANDEIRA DE MELLO, Celso Antônio. *Curso de Direito Administrativo*. 29. ed. São Paulo: Malheiros, 2012.

CINTRA, Antônio Carlos de Araújo; GRINOVER, Ada Pellegrini; DINAMARCO, Cândido R. *Teoria Geral do Processo*. 27. ed. São Paulo: Revista dos Tribunais, 2011.

DI PIETRO, Maria Sylvia Zanella. *Direito Administrativo*. 12. ed. São Paulo: Editora Atlas, 2000.

FERRAZ, Sérgio; DALLARI, Adilson Abreu. *Processo Administrativo*. São Paulo: Malheiros, 2001.

FERREIRA, Aurélio Buarque de Holanda. *Novo Aurélio Século XXI*: o dicionário da língua portuguesa. 3. ed. rev. e ampl. Rio de Janeiro: Nova Fronteira, 1999.

GRINOVER, Ada Pellegrini. Garantias do contraditório e ampla defesa. *Jornal do Advogado*, Seção de São Paulo, n. 175, p. 9, nov. 1990.

JÚNIOR, Dirley. *Curso de Direito Administrativo*. 11. ed. rev., ampl. e atual. Salvador: JusPODIVM, 2012.

MEDAUAR, Odete. *A Processualidade no Direito Administrativo*. 2. ed. São Paulo: Revista dos Tribunais, 2008.

_____. *Direito Administrativo Moderno*. São Paulo: Revista dos Tribunais, 2011.

MEIRELLES, Hely Lopes. *Direito Administrativo Brasileiro*. 33. ed. São Paulo: RT, 2007. p. 690.

SILVA, Valmir Leôncio da. *A nova contabilidade aplicada ao Setor Público*. Uma abordagem prática. São Paulo: Atlas, 2012.

CAPÍTULO 2

LICITAÇÃO E CONTRATOS
PECULIARIDADES DAS CONTRATAÇÕES PÚBLICAS SOB A ÓTICA DA LEI GERAL DE LICITAÇÃO E DO REGIME DIFERENCIADO DE CONTRATAÇÃO

PATRÍCIA VERÔNICA CARVALHO SOBRAL DE SOUZA

1 INTRODUÇÃO

Este artigo tem por objeto o estudo de aspectos específicos das contratações públicas, precisamente quanto a algumas peculiaridades, a exemplo da garantia de isonomia entre os licitantes na promoção do desenvolvimento sustentável, com base na da Lei da Microempresa e das Empresas de Pequeno Porte (Lei nº 123/06); parâmetros de contratação direta contidos na Lei Geral de Licitação; vantagens da modalidade Pregão; criação da Ata de Registro de Preços e do Novo Regime Diferenciado de Contratação Pública. Inclusive tem ainda o propósito de contribuir para o esclarecimento das questões que envolvem as contratações públicas, em geral, e que continuam sendo elemento de dúvida na Administração Pública.

As licitações e contratos administrativos possuem previsão em mais de um diploma legal, contudo, possuem regulamentação geral na Lei nº 8.666/93. Tais institutos decorrem da indisponibilidade do interesse público, em que os entes/órgãos/entidades governamentais não podem dispor sobre os interesses/bens da Administração e se submetem a um procedimento preestabelecido pela própria Constituição Federal, em seu art. 37, inc. XXI, observando o princípio constitucional da isonomia, da seleção da proposta mais vantajosa para a administração e da promoção do desenvolvimento nacional sustentável, sendo que o critério é o de que as licitações serão processadas e julgadas em estrita conformidade com os princípios básicos da legalidade, da impessoalidade, da moralidade, da igualdade, da publicidade, da probidade administrativa, da vinculação ao instrumento convocatório, do julgamento objetivo e dos que lhes são correlatos.

Contudo, quando da aplicação de tais princípios, algumas questões surgem no entorno do tema, a exemplo: como garantir a isonomia nas licitações, assegurando o desenvolvimento sustentável? Ou ainda, quais são os parâmetros da contratação direta contidos na Lei Geral de Licitações e Contratos? Quais as vantagens da modalidade Pregão (a modalidade Pregão está contemplada na Lei nº 10.520/02 e no Decreto nº 5.450/05) e da criação da Ata de Registro de Preço? Quais as inovações advindas da Lei nº 12.462/11, que trata do novo regime de contratação pública?

O presente trabalho visa, pois, ao esclarecimento desses e de outros questionamentos acerca do instituto das licitações e dos contratos administrativos, objetivando elucidar peculiaridades das contratações públicas, enfocando as leis correlatas a tais procedimentos. Para tanto, evocou-se para o debate teórico o levantamento de literatura específica sobre a temática, a exemplo das doutrinas de Mello, Di Pietro, Motta, Fernandes, Santana, entre outros.

A fim de elaborar a discussão, a metodologia contemplada é a da pesquisa exploratória, a partir da qual serão trabalhadas algumas posições e examinados alguns aspectos relativos às licitações e contratos contidos em leis esparsas e nas leis do regime tradicional e diferenciado de contratação.

2 DA APLICABILIDADE DO PRINCÍPIO DA ISONOMIA NAS LICITAÇÕES E CONTRATAÇÕES DA ADMINISTRAÇÃO PÚBLICA

É cediço que a "licitação" representa o processo formal que deve ser observado, obrigatoriamente, em regra, por todos os entes/órgãos da Administração Pública Direta e Indireta, da União, estados, Distrito Federal e municípios, e por todos aqueles que recebem direta ou indiretamente recursos públicos. Tal procedimento visa à aquisição de materiais, equipamentos, contratação de serviços, obras, alienações, concessões, permissões e locações firmadas com particulares, através de uma seleção da proposta mais vantajosa para a Administração Pública, assegurando-se, durante todas as etapas, condições de igualdade a todos os concorrentes. Igualmente, o art. 175 da CF/88 menciona a necessidade de prévia licitação nos casos de concessão e permissão. Tal entendimento se estende às parcerias publicas privadas.

A isonomia é um princípio constitucional que visa garantir aos interessados o direito de competir nas licitações públicas de forma igualitária, conforme prevê a Constituição Federal, no seu art. 37, XXI:

> XXI - ressalvados os casos especificados na legislação, as obras, serviços, compras e alienações serão contratados mediante processo de licitação pública que assegure igualdade de condições a todos os concorrentes, com cláusulas que estabeleçam obrigações de pagamento, mantidas as condições efetivas da proposta, nos termos da lei, o qual somente permitirá as exigências de qualificação técnica e econômica indispensáveis à garantia do cumprimento das obrigações.

Carvalho Filho (2010, p. 220) afirma que a Lei Geral de Licitação (Lei nº 8.666/93) é "O Estatuto, [...] a fonte legislativa primária disciplinadora das licitações". Frise-se que o art. 3º, *caput*, da lei em comento, apresenta basicamente três finalidades: a observância do princípio da isonomia, a busca pela melhor proposta (estimulando a competitividade entre os competidores) e a promoção do desenvolvimento nacional sustentável. Quanto às duas primeiras finalidades, não se constata divergências doutrinárias. Contudo, a terceira finalidade requer esclarecimento, visto que alguns doutrinadores apenas se atêm a conceituar o que significa desenvolvimento sustentável, dentro do parâmetro da isonomia. Neste sentido, Meireles aborda os fundamentos que trouxeram a inserção dessa terceira finalidade pela Lei nº 12.349/10, na Lei Geral de Licitações:

> [...] a busca do desenvolvimento econômico e do fortalecimento das cadeias produtivas de bens e serviços domésticos, usando-se para esse fim o poder de compra governamental, mediante novas normas que asseguram atuação privilegiada do setor público com vistas à instituição de incentivos a pesquisa e à inovação que, reconhecidamente, consubstanciam poderoso efeito indutor ao desenvolvimento do País. Esta terceira finalidade, segundo a "Exposição de Motivos" da medida provisória, fundamenta-se nos seguintes comandos da Constituição Federal: "(i) inciso II do art. 3º, que inclui o desenvolvimento nacional como um dos objetivos fundamentais da República Federativa do Brasil; (ii) incisos I e VIII do art. 170, atinentes à organização da ordem econômica nacional, que deve observar, entre outros princípios, a soberania nacional e a busca do pleno emprego; (iii) art. 174, que dispõe sobre

as funções a serem exercidas pelo estado, como agente normativo e regulador da atividade econômica; e (iv) art.219, que trata de incentivos ao mercado interno, de forma a viabilizar o desenvolvimento cultural e socioeconômico, o bem-estar da população e a autonomia tecnológica do País. (MEIRELES, 2010, p. 288)

Em sequência, o §1º do artigo em comento proíbe que o ato convocatório do certame licitatório "admita, preveja, inclua ou tolere cláusulas ou condições capazes de frustrar ou restringir o caráter competitivo" desse procedimento e tem o poder de vedar atitudes que demonstrem preferências ou distinções em virtude da "naturalidade, sede ou domicílio dos licitantes, bem como entre empresas brasileiras ou estrangeiras, ou de qualquer outra circunstância impertinente ou irrelevante para o objeto do contrato" (MELLO, 2012, p. 542).

Coadunado com a ideia trazida no *caput* do art. 3º, da Lei nº 8.666/93, tem-se o §2º do referido artigo, ao mencionar os seguintes critérios de desempate, no julgamento das propostas:

> §2º Em igualdade de condições, como critério de desempate, será assegurada preferência, sucessivamente, aos bens e serviços:
> II - produzidos no País[23];
> III - produzidos ou prestados por empresas brasileiras.
> IV - produzidos ou prestados por empresas que invistam em pesquisa e no desenvolvimento de tecnologia no País.

Além dos critérios de desempate citados acima, a Magna Carta dispensa certos privilégios às microempresas e empresas de pequeno porte, não significando, entretanto, desrespeito ao princípio da isonomia constante no art. 179 da CF/88:

> Art. 179. A União, os Estados, o Distrito Federal e os Municípios dispensarão às microempresas e às empresas de pequeno porte, assim definidas em lei, tratamento jurídico diferenciado, visando a incentivá-las pela simplificação de suas obrigações administrativas, tributárias, previdenciárias e creditícias, ou pela eliminação ou redução destas por meio de lei.

Assim não sendo, haveria um conflito entre dispositivos na própria Constituição Federal, quando em termos gerais impõe restrições

---

[23] O inc. I foi revogado pela Lei nº 12.349, de 2010.

e cuida das exceções com privilégios. Para Bandeira de Mello (2012, p. 549), a igualdade é aplicada de forma mais extensiva que a isonomia, "exige que a Administração não apenas trate isonomicamente os licitantes, mas também possibilite que quaisquer interessados em participar do certame, e que ofereçam as condições de garantia indispensáveis, possam disputá-los". Neste liame, o que quis o Constituinte foi assegurar privilégios entre desiguais para a promoção do equilíbrio e, portanto, homenagear o princípio da igualdade.

Com esse mesmo viés, a Lei nº 123/06 teve como propósito a busca do equilíbrio econômico no processo de disputa, permitindo vantagens às microempresas e às empresas de pequeno porte quando da participação destas em processos licitatórios realizados pela Administração Pública, na definição de critérios de desempates das propostas:

> Art. 44. Nas licitações será assegurada, como critério de desempate, preferência de contratação para as microempresas e empresas de pequeno porte.
> §1º Entende-se por empate aquelas situações em que as propostas apresentadas pelas microempresas e empresas de pequeno porte sejam iguais ou até 10% (dez por cento) superiores à proposta mais bem classificada.
> §2º Na modalidade de pregão, o intervalo percentual estabelecido no §1º deste artigo será de até 5% (cinco por cento) superior ao melhor preço.

A referida lei dispôs sobre outras vantagens, como exemplo assegurar o prazo de 5 (cinco) dias úteis para a regularização de restrição fiscal e a realização de procedimento licitatório:

> Art. 43. [...]
> §1º Havendo alguma restrição na comprovação da regularidade fiscal, será assegurado o prazo de 5 (cinco) dias úteis, cujo termo inicial corresponderá ao momento em que o proponente for declarado o vencedor do certame, prorrogável por igual período, a critério da administração pública, para a regularização da documentação, pagamento ou parcelamento do débito e emissão de eventuais certidões negativas ou positivas com efeito de certidão negativa.

Considerando insuficientes tais privilégios, a Lei nº 123/2006, em seu art. 48, inc. I, determinou, ainda, que a Administração Pública deveria realizar processo licitatório destinado, exclusivamente, à participação de microempresas e empresas de pequeno porte nos itens de contratação, cujo valor seja de até R$80.000,00 (oitenta mil reais).

Por tudo isso, muito embora retratado pelo §1º, do art. 3º, da Lei nº 8.666/93, que se deve proibir que no ato convocatório do certame sejam admitidas, previstas, incluídas ou toleradas cláusulas ou condições capazes de frustrar ou restringir o caráter competitivo da licitação, há que se reconhecer que certas vantagens dispensadas às empresas economicamente menos favorecidas implica a promoção de políticas de desenvolvimento econômico-sustentável, bem como a busca do atendimento ao próprio princípio da igualdade, justificado pelo equilíbrio econômico alcançado entre aqueles que disputam a contratação com a Administração Pública.

Em reforço ao exposto acima, se tem que o Regime Diferenciado de Contratação Pública reuniu todas essas formas de desempate trazidas pela Lei de Licitação e pela Lei nº 123/06, e ainda elevou o desenvolvimento nacional sustentável à categoria de princípio:

> Art. 25. Em caso de empate entre 2 (duas) ou mais propostas, serão utilizados os seguintes critérios de desempate, nesta ordem:
> I - disputa final, em que os licitantes empatados poderão apresentar nova proposta fechada em ato contínuo à classificação;
> II - a avaliação do desempenho contratual prévio dos licitantes, desde que exista sistema objetivo de avaliação instituído;
> III - os critérios estabelecidos no art. 3º da Lei nº 8.248, de 23 de outubro de 1991, e no §2º do art. 3º da Lei nº 8.666, de 21 de junho de 1993; e
> IV - sorteio.
> Parágrafo único. As regras previstas no caput deste artigo não prejudicam a aplicação do disposto no art. 44 da Lei Complementar nº 123, de 14 de dezembro de 2006.
> Art. 3º. As licitações e contratações realizadas em conformidade com o RDC deverão observar os princípios da legalidade, da impessoalidade, da moralidade, da igualdade, da publicidade, da eficiência, da probidade administrativa, da economicidade, do desenvolvimento nacional sustentável, da vinculação ao instrumento convocatório e do julgamento objetivo.

A Lei Complementar nº 128/08, que alterou a redação da Lei Complementar nº 123/06, criou a figura do Microempreendedor Individual (MEI), o que criou oportunidades a mais para os autônomos e ambulantes e, inclusive, para outros profissionais, a exemplo dos que trabalham confeccionando produtos de moda; outros que trabalham como manicure e pedicure. Entram na relação também os professores particulares, entendidos na classificação de empresário com baixa contribuição tributária, o que lhes confere gratuidade de taxas na abertura, inscrição, registro, alvará, licença, cadastro e demais atos necessários ao regular funcionamento da sua atividade, desburocratizando o processo de registro de empresas.

3 DA LICITAÇÃO DESERTA E DA LICITAÇÃO FRACASSADA

Cumpre mencionar que licitação deserta não é o mesmo que licitação fracassada. Na deserta não aparece nenhum interessado em participar do certame, abrindo-se a perspectiva de uma contratação direta, nos moldes do art. 24, inc. V, da Lei nº 8.666/93. Contudo, conforme o entendimento de alguns Tribunais de Contas, quando não acudirem interessados e a modalidade licitatória respectiva for o convite, é necessário se refazer o procedimento licitatório, em razão de tal modalidade apresentar publicidade mitigada.

Por outro lado, a licitação fracassada é aquela que não chegou ao seu final, em razão de inabilitação de todos os licitantes, por não apresentarem documentos em acordo com as exigências do edital, ou em razão de desclassificação de todos os licitantes, por apresentarem propostas com preço muito abaixo (inexequíveis) ou muito acima dos praticados no mercado, inviabilizando a competição. A solução para tal situação está no art. 48, §3º, da Lei nº 8.666/93, ou seja, a Administração poderá oferecer prazo para que os competidores apresentem nova documentação ou reformulem suas ofertas. O prazo será de 3 (três) dias para as modalidades convite e pregão (quando o pregão for eletrônico, o pregoeiro poderá suspender o pregão e estabelecer, imediatamente, um novo prazo de até 30 (trinta) minutos para recebimento de novas propostas) e de 8 dias para as demais modalidades.

Importante mencionar que, caso o gestor/administrador tenha de optar pela contratação direta, deve manter as condições inicialmente ofertadas na licitação que culminou em deserta ou fracassada.

4 DAS CONDIÇÕES NECESSÁRIAS PARA A DISPENSA LICITATÓRIA

Dispõe o art. 37, inc. XXI, sobre o instituto da licitação, que é regra indiscutível para contratação pela Administração Pública direta ou indireta, salvo nos casos previstos em lei. E, conforme dispõe a norma legal que trata sobre licitações e contratos (Lei nº 8.666/93), são excepcionadas as situações de dispensa (dispensada – art. 17 – voltada

à alienação de bens móveis e imóveis da Administração; e dispensável – art. 24) e de inexigibilidade (art. 25).
Di Pietro (2010, p. 371) entende que os casos de licitação dispensada, previstos no art. 17, da Lei nº 8.666/93, "escapam à discricionariedade administrativa, por estarem já determinados por lei".[24]

Entretanto, na licitação dispensável, preleciona Di Pietro (2010) que há possibilidade de competição (ao alcance da competência discricionária da Administração). As hipóteses de licitação dispensável (art. 24 e incisos), segundo a mesma autora, podem ser divididas em quatro categorias: a) em razão do pequeno valor; b) em razão de situações excepcionais;[25] c) em razão do objeto;[26] d) em razão da pessoa[27]

---

[24] São eles assim caracterizados, no inc. I: "quando imóveis, dependendo de autorização legislativa para órgãos da administração direta e entidades autárquicas e fundacionais, e, para todos, inclusive as entidades paraestatais, dependendo ainda de avaliação prévia" como elencados nas alíneas: a) dação em pagamento; b) doação, permitida exclusivamente para outro órgão ou entidade da administração pública, de qualquer esfera de governo, ressalvado o disposto nas alíneas f, h e i; c) permuta, por outro imóvel que atenda aos requisitos constantes do inc. X do art. 24, da Lei nº 8.666/93, ou seja, que se destine ao atendimento das finalidades precípuas da administração, cujas necessidades de instalação e localização condicionem a sua escolha, desde que o preço seja compatível com o valor de mercado, segundo avaliação prévia; d) investidura; e) venda a outro órgão ou entidade da administração pública, de qualquer esfera de governo; f) alienação gratuita ou onerosa, aforamento, concessão de direito real de uso, locação ou permissão de uso de bens imóveis residenciais construídos, destinados ou efetivamente utilizados no âmbito de programas habitacionais ou de regularização fundiária de interesse social desenvolvidos por órgãos ou entidades da administração pública; g) procedimentos de legitimação de posse de que trata o art. 29 da Lei nº 6.383, de 7 de dezembro de 1976. Em outras palavras, a legitimação da posse de terra pública continua até 100 (cem) hectares, desde que não seja, o ocupante, proprietário de imóvel rural e comprove a morada permanente e cultura efetiva, pelo prazo mínimo de 1 (um) ano, mediante iniciativa e deliberação dos órgãos da Administração Pública em cuja competência legal inclua-se tal atribuição; h) alienação gratuita ou onerosa, aforamento, concessão de direito real de uso, locação ou permissão de uso de bens imóveis de uso comercial de âmbito local com área de até 250 m² (duzentos e cinquenta metros quadrados) e inseridos no âmbito de programas de regularização fundiária de interesse social desenvolvidos por órgãos ou entidades da administração pública; i) alienação e concessão de direito real de uso, gratuita ou onerosa, de terras públicas rurais da União na Amazônia Legal onde incidam ocupações até o limite de 15 (quinze) módulos fiscais ou 1.500 ha (mil e quinhentos hectares), para fins de regularização fundiária, atendidos os requisitos legais. E, em conformidade com o inc. II, quando se tratar de bens móveis, dependendo de avaliação prévia, seguirão as indicações das alíneas: a) doação, permitida exclusivamente para fins e uso de interesse social, após avaliação de sua oportunidade e conveniência socioeconômica, relativamente à escolha de outra forma de alienação; b) permuta, permitida exclusivamente entre órgãos ou entidades da Administração Pública; c) venda de ações, que poderão ser negociadas em bolsa, observada a legislação específica; d) venda de títulos, na forma da legislação pertinente; e) venda de bens produzidos ou comercializados por órgãos ou entidades da Administração Pública, em virtude de suas finalidades; f) venda de materiais e equipamentos para outros órgãos ou entidades da Administração Pública, sem utilização previsível por quem deles dispõe.

[25] a) casos de guerra ou grave perturbação da ordem (inc. III do art. 24); b) casos de emergência ou de calamidade pública (inc. IV do art. 24); c) quando não acudirem interessados à licitação anterior e esta, justificadamente, não puder ser repetida sem prejuízo para a Administração – mantidas, neste caso, todas as condições preestabelecidas (inc. V do art. 24); d) na contratação de remanescente de obra, serviço ou fornecimento, em consequência de rescisão contratual, desde que atendida a ordem de classificação da licitação anterior e aceitas as mesmas condições oferecidas pelo licitante vencedor, inclusive quanto ao preço, devidamente corrigido (inc. XI do art. 24); e) quando a União tiver que intervir no domínio econômico para regular preços ou normalizar o abastecimento (inc. VI do art. 24); f) quando as propostas apresentadas consignarem preços manifestamente superior aos praticados no mercado nacional, ou forem incompatíveis com os fixados pelos órgãos oficiais competentes (inc. VII do art. 24); g) quando houver possibilidade de comprometimento da segurança nacional, nos casos estabelecidos em decreto do Presidente da República, ouvido o Conselho de Defesa Nacional (inc. IX do art. 24); h) para a aquisição de bens e serviços nos termos de acordo internacional específico aprovado pelo Congresso Nacional, quando as condições ofertadas forem manifestamente vantajosas para o Poder Público (inc. XIV do art. 24); i) na contratação da coleta, processamento e comercialização de resíduos sólidos urbanos recicláveis ou reutilizáveis, em áreas com sistema de coleta seletiva de lixo, efetuada por associações ou cooperativas formadas exclusivamente por pessoas físicas de baixa renda reconhecidas pelo Poder Público, como catadores de materiais recicláveis, com o uso de equipamentos compatíveis com as normas técnicas, ambientais e de saúde pública (inc. XXVII do art. 24); j) para o fornecimento de bens e serviços, produzidos ou prestados no país, que envolvam, cumulativamente, alta complexidade tecnológica e defesa nacional, mediante parecer de comissão especial designada pela autoridade máxima do órgão (inc. XXVIII do art. 24).

[26] O art. 24 prevê as seguintes hipóteses: a) para a compra ou locação de imóvel destinado ao atendimento das finalidades precípuas da Administração, cujas necessidades de instalação e localização condicionem sua escolha, desde que o preço seja compatível com o valor de mercado, segundo avaliação prévia (inc. X); b) nas compras de hortifrutigranjeiros, pão e outros gêneros perecíveis, no tempo necessário para a realização dos processos licitatórios correspondentes, realizadas diretamente com base no preço do dia (inc. XII); c) para a aquisição ou restauração de obras de arte e objetos históricos, de autenticação certificada, desde que compatíveis com as finalidades do órgão ou entidade ou inerentes a elas (inc. XV); d) para aquisição de componentes ou peças de origem nacional ou estrangeira, necessárias à manutenção de equipamentos durante o período de garantia técnica, junto ao fornecedor original desses equipamentos, quando tal condição de exclusividade for indispensável para a vigência da garantia (inc. XVII); e) nas compras de materiais de uso pelas Forças Armadas, com exceção de materiais de uso pessoal e administrativo, quando houver necessidade de manter a padronização requerida pela estrutura de apoio logístico dos meios navais, aéreos e terrestres, mediante parecer de comissão instituída por decreto (inc. XIX); f) para aquisição de bens destinados exclusivamente à pesquisa científica e tecnológica com recursos concebidos pelas CAPES, FINEP, CNPq ou outras instituições de fomento a pesquisas credenciadas pelo CNPq para esse fim específico (inc. XXI); g) na contratação realizada por instituição científica e tecnológica (ICT) ou por agência de fomento para a transferência de tecnologia e para o licenciamento de direito de uso ou de exploração de criação protegida (inc. XXV); h) na aquisição de bens e contratação de serviços para atender aos contingentes militares das Forças Singulares brasileiras empregadas em operações de paz no exterior, necessariamente justificadas quanto ao preço e à escolha do fornecedor ou executante e ratificadas pelo Comandante da Força (inc. XXIX); i) na contratação de instituição ou organização pública ou privada, com ou sem fins lucrativos, para a prestação de serviços de assistência técnica e extensão rural no âmbito do Programa Nacional de Assistência Técnica de Extensão Rural na Agricultura Familiar e na Reforma Agrária, instituído por lei federal (inc. XXX); j) nas contratações visando ao cumprimento do disposto nos arts. 3º, 4º, 5º e 20 da Lei nº 10.973, de 2.12.2004, observando os princípios gerais de contratação dela constantes (inc. XXXI).

Em razão do pequeno valor, é dispensável a licitação para obras e serviços de engenharia de valor até 10% do limite previsto no art. 23, alínea "a", inc. I (ou seja, R$8.000,00 e R$15.000,00), desde que não se refiram a parcelas de uma mesma obra ou serviço ou ainda de obras e serviços da mesma natureza e no mesmo local que possam ser realizados conjunta ou concomitantemente (art. 24, inc. I); para outros serviços e compras de valor até 10% do limite previsto no art. 23, alínea "a", inc. I, e para alienações, nos casos previstos na lei (art. 17), desde que não se refiram a parcelas de um mesmo serviço, compra ou alienação de maior vulto que possa ser realizada de uma só vez.

O inc. I foi alterado, substituindo o conceito de licitações simultâneas e sucessivas pelo de realização "conjunta e concomitante". A dispensa só será possível se ocorrerem os seguintes requisitos: que se trate da mesma obra ou serviço ou, alternadamente, de obras ou serviços da mesma natureza e no mesmo local, que possam ser realizados conjunta e concomitantemente. Embora não prevista a ressalva contida na parte final do §5º do art. 23, ela é também cabível neste caso, pois se a obra ou serviço exige profissional de outra especialidade, é evidente que a sua contratação tem de ocorrer em procedimento de licitação diverso.

---

[27] O art. 24 prevê as seguintes hipóteses de dispensa: a) para a aquisição, por pessoa jurídica de direito público interno, de bens produzidos ou serviços prestados por órgão ou entidade que integre a Administração Pública e que tenha sido criado para esse fim específico em data anterior à vigência desta lei, desde que o preço contratado seja compatível com o praticado no mercado (inc. VIII); b) para a impressão dos diários oficiais, formulários padronizados de uso da Administração, de edições técnicas oficiais, a prestação de serviços de informática à pessoa jurídica de direito público interno, por órgão ou entidades que integrem a Administração Pública, criados para esse fim específico (inc. XVI); c) na contratação de instituição brasileira, incumbida regimental ou estatutariamente da pesquisa, do ensino ou do desenvolvimento institucional, ou de instituição dedicada à recuperação social do preso, desde que a contratada detenha inquestionável reputação ético-profissional (inc. XIII); d) na contratação de associação de portadores de deficiência física, sem fins lucrativos e de comprovada idoneidade, por órgãos ou entidades da Administração Pública, para a prestação de serviços ou fornecimento de mão de obra, desde que o preço contratado seja compatível com o praticado no mercado (inc. XX); f) na contratação do fornecimento ou suprimento de energia elétrica e gás natural, com concessionário, permissionário ou autorizado, segundo as normas da legislação específica (inc. XXII); g) na contratação realizada por empresa pública ou sociedade de economia mista com suas subsidiárias e controladas, para a aquisição ou alienação de bens, prestação ou obtenção de serviços, desde que o preço contratado seja compatível com o praticado no mercado (inc. XXIII); h) para a celebração de contratos de prestação de serviços com as organizações sociais, qualificadas no âmbito das respectivas esferas de governo, para as atividades contempladas no contrato de gestão (inc. XXIV); i) na celebração de contrato de programa com ente da Federação ou com entidade de sua administração indireta, para a prestação de serviços públicos de forma associada nos termos do autorizado em contrato de consórcio público ou em convênio de cooperação (inc. XXVI);

O legislador se reporta aqui a licitações distintas em decorrência de especialidades/objetos distintos.

De acordo com o parágrafo único, inserido no art. 24, da Lei nº 9.648/98, alterado pela Lei nº 11.107/2005 (Lei dos Consórcios Públicos), os percentuais referidos nos incs. I e II, (R$8.000,00 e R$15.000,00) do *caput* desse artigo serão de 20% sobre esses valores para compras, obras e serviços contratados por consórcios públicos, sociedades de economia mista e empresa pública, bem assim por autarquia e fundação qualificadas, na forma da lei, como Agências Executivas. No caso de consórcios públicos com mais de três entes, nos moldes do §8º, o valor será o triplo dos mencionados acima, para fins de se tornar dispensável o procedimento licitatório. Com essa norma, tais entidades terão maior possibilidade de dispensar licitações em razão do valor.

Ainda segundo Di Pietro (2010, p. 382), embora não prevista no art. 24 da Lei nº 8.666/93, também "constitui hipótese de dispensa de licitação, em razão da pessoa, a prevista no Artigo 1º-A da Lei 8.958/94, que dispõe sobre as relações entre as instituições federais de ensino superior e de pesquisa científica e tecnológica e as fundações de apoio". As situações de inexigibilidade são exemplificativas, pois sempre que se constatar uma situação distinta daquelas, porém verificada a inviabilidade de competição, tal hipótese deverá recair na ampla regra do *caput* do art. 25. Segundo a lei, as três situações de inexigibilidade são exemplificativas e justificam a inviabilidade de competição, como se seguem:

> I - para aquisição de materiais, equipamentos, ou gêneros que só possam ser fornecidos por produtor, empresa ou representante comercial exclusivo, vedada a preferência de marca, devendo a comprovação de exclusividade ser feita através de atestado fornecido pelo órgão de registro do comércio do local em que se realizaria a licitação ou a obra ou o serviço, pelo Sindicato, Federação ou Confederação Patronal, ou, ainda, pelas entidades equivalentes;
> II - para a contratação de serviços técnicos enumerados no art. 13 desta Lei, de natureza singular, com profissionais ou empresas de notória especialização, vedada a inexigibilidade para serviços de publicidade e divulgação;
> III - para contratação de profissional de qualquer setor artístico, diretamente ou através de empresário exclusivo, desde que consagrado pela crítica especializada ou pela opinião pública.

Na perspectiva da inexigibilidade não há possibilidade de competição, isso porque só existe um objeto ou uma pessoa que atenda às necessidades da Administração, sendo, portanto, a licitação inviável.

Cabe ressaltar que, sobre esse tema, a Lei nº 8.666/93, em seu art. 25, parte final do inc. II, explicita uma vedação quanto à possibilidade de contratação por inexigibilidade para serviços de publicidade e divulgação, uma vez que tais serviços estariam sujeitos à legislação específica (Lei nº 12.232/10).

Sendo o procedimento licitatório dispensado, dispensável ou inexigível, o art. 26, da Lei nº 8.666/93, dispõe que nas dispensas previstas nos §§2º e 4º do art. 17, e no inc. III e seguintes do art. 24, as situações de inexigibilidade referidas no art. 25 deverão ser necessariamente justificadas e comunicadas, dentro de 3 (três) dias, à autoridade superior, para ratificação e publicação na imprensa oficial, no prazo de 5 (cinco) dias, como condição para a eficácia dos atos e, no caso da autoridade, em razão da ausência de publicação, estará sujeita às sanções da Lei de Improbidade Administrativa.

Além do mais, o parágrafo único do mesmo art. 26 dispõe quanto à instrução do processo de dispensa e de inexigibilidade, caracterizando, quando couber, a situação emergencial ou calamitosa que justifique a dispensa; a razão da escolha do fornecedor ou executante; a justificativa do preço; e o documento de aprovação dos projetos de pesquisa aos quais os bens serão alocados.

4.1 Caracterização da situação de emergência

A situação emergencial, para efeito de dispensa de licitação, está caracterizada no inc. IV, do art. 24, da Lei nº 8.666/93, ou seja,

> [...] quando caracterizada urgência de atendimento de situação que possa ocasionar prejuízo ou comprometer a segurança de pessoas, obras, serviços, equipamentos e outros bens, públicos ou particulares, e somente para os bens necessários ao atendimento da situação emergencial ou calamitosa.

Para efeitos do Decreto nº 7.257/2010, situação de emergência é a situação anormal, provocada por desastres, causando danos e prejuízos que impliquem o comprometimento parcial da capacidade de resposta do Poder Público do ente atingido.

O TCU, em Decisão nº 347 – Plenário, descreve alguns requisitos necessários à caracterização dos casos de emergência ou de calamidade pública.

Ao concluir suas análises, a instrução considera que a presente solicitação deverá preencher os requisitos de admissibilidade previstos no art.

210 do Regimento Interno do TCU, para ser conhecida como consulta (fls. 28, itens 48 e 49, I), e propõe que o Tribunal:
II - responda à Autoridade interessada:
a) que, além da adoção das formalidades previstas no art. 26 e seu parágrafo único da Lei no 8.666/93 se impõe que são pressupostos da aplicação do caso de dispensa preconizado art. 24, IV, da mesma Lei:

a.1) que a situação adversa, dada como de emergência ou de calamidade pública, não tenha se originado, total ou parcialmente, da falta de planejamento, da desídia administrativa ou da má gestão dos recursos disponíveis, ou seja, que ela não possa, em alguma medida, ser atribuída à culpa ou dolo do(s) agente(s) público(s) que tinha(m) o dever de agir para prevenir a ocorrência de tal situação;

a.2) que exista urgência concreta e efetiva do atendimento a situação decorrente do estado emergencial ou calamitoso, visando afastar risco de danos a bens ou à saúde ou à vida de pessoas;

a.3) que o risco, além de concreta e efetivamente provável, se mostre iminente e especialmente gravoso;

a.4) que a imediata efetivação, por meio de contratação com terceiro, de determinadas obras, serviços ou compras, segundo as especificações e quantitativos tecnicamente apurados, seja o meio adequado, efetivo e eficiente de afastar o risco iminente detectado;

Contudo, deve-se ter atenção ainda quanto às situações de emergência fabricada, que é a situação de emergência que decorre da ação, dolosa (intencional) ou culposa do administrador (decorrente da falta de planejamento, da desídia administrativa ou da má gestão dos recursos públicos) que culmina numa contratação dispensável sob o pretexto de não causar dano maior à Administração Pública.

Jurisprudência do Tribunal de Contas da União consolida o entendimento de que se deve efetivar:

> Só realizar aquisições com dispensa de licitação, fundada no inc. IV do art. 24 da Lei 8.666/93, quando devidamente caracterizada a situação de emergência ou de calamidade pública, desde que a situação não se tenha originado, total ou parcialmente, da falta de planejamento, da desídia administrativa ou da má gestão de recursos disponíveis e desde que esteja comprovado que a imediata contratação é o meio adequado, efetivo e eficiente de afastar o risco iminente detectado, conforme entendimento desta Corte, exarado na Decisão nº 347/94 – Plenário, Ata nº 22/94. (TCU, Decisão nº 811/1996, Plenário, Rel. Min. Paulo Affonso Martins de Oliveira, *DOU* de 16.01.1997)

Compreende-se com o entendimento do Tribunal de Contas da União que a caracterização da situação emergencial ou calamitosa deve estar evidente na justificativa para contratação ser realizada de forma direta, bem como de ser o expediente utilizado a melhor alternativa para se afastar o risco iminente do prejuízo ou comprometimento da segurança de pessoas, obras, serviços, equipamentos e outros bens, públicos ou particulares, desde que descartada a possibilidade de que tal situação não tenha decorrido da falta de planejamento, da desídia administrativa ou da má gestão de recursos disponíveis.

4.2 Fracionamento de despesa na licitação

Para o TCU, fracionamento, à luz da Lei de Licitações, caracteriza-se quando se divide a despesa para utilizar modalidade de licitação inferior à recomendada pela legislação para o total da despesa ou para efetuar contratação direta (Licitações e Contratos, Orientações e Jurisprudência do TCU, p. 104).

A vedação ao fracionamento é explicitada no art. 23, §5º, da Lei nº 8.666/93:

> §5º É vedada a utilização da modalidade "convite" ou "tomada de preços", conforme o caso, para parcelas de uma mesma obra ou serviço, ou ainda para obras e serviços da mesma natureza e no mesmo local que possam ser realizadas conjunta e concomitantemente, sempre que o somatório de seus valores caracterizar o caso de "tomada de preços" ou "concorrência", respectivamente, nos termos deste artigo, exceto para as parcelas de natureza específica que possam ser executadas por pessoas ou empresas de especialidade diversa daquela do executor da obra ou serviço.

Ademais, cumpre ainda esclarecer acerca do período mínimo que se deve respeitar a fim de que não haja caracterização do fracionamento da licitação. Nesse sentido, em Acórdão nº 324/2009 – Plenário, o TCU diz do seu posicionamento quanto ao período mínimo a ser observado: "Planeje adequadamente as compras e a contratação de serviços durante o exercício financeiro, de forma a evitar a prática de fracionamento de despesas".

5 DA NECESSIDADE DO PROJETO BÁSICO/TERMO DE REFERÊNCIA NAS LICITAÇÕES

O projeto básico é necessário para caracterizar a obra ou serviço. O art. 6º, inc. IX da Lei nº 8.666/93, o conceitua:

IX - Projeto Básico – é o conjunto de elementos necessários e suficientes, com nível de precisão adequado, para caracterizar a obra ou serviço, ou complexo de obras ou serviços objeto da licitação, elaborado com base nas indicações dos estudos técnicos preliminares, que assegurem a viabilidade técnica e o adequado tratamento do impacto ambiental do empreendimento, e que possibilite a avaliação do custo da obra e a definição dos métodos e do prazo de execução.

É no projeto básico (para modalidades da Lei nº 8.666/93) ou termo de referência (para a modalidade licitatória do Pregão), bem como no projeto executivo, que são contemplados requisitos essenciais como: a segurança; a funcionalidade e adequação ao interesse público; a economia na execução, conservação e operação; a possibilidade de emprego de mão de obra, materiais, tecnologia e matérias-primas existentes no local para execução, conservação e operação; a facilidade na execução, conservação e operação, sem prejuízo da durabilidade da obra ou do serviço; a adoção das normas técnicas, de saúde e de segurança do trabalho adequadas; o impacto ambiental.

Impõe, ainda, o art. 7º, §2º, inc. I da referida lei, que as obras e serviços somente poderão ser licitados quando houver projeto básico aprovado pela autoridade competente e disponível para exame dos interessados em participar do processo licitatório. Sobre o tema, em Acórdão nº 994/2006 – Plenário (voto do Ministro Relator Ubiratan Aguiar), o TCU se pronunciou:

> Projeto básico é a peça fundamental para a demonstração da viabilidade e conveniência da contratação. Por meio do projeto básico é que a administração discrimina o objeto pretendido, os resultados esperados, tempo e forma de execução. Conforme preleciona Marçal Justen Filho, mesmo nas contratações diretas, é exigido "um procedimento prévio, em que a observância de etapas e formalidades é imprescindível (...). Nas etapas internas iniciais, a atividade administrativa será idêntica, seja ou não a futura contratação antecedida de licitação". Faz todo sentido, até mesmo porque os procedimentos licitatórios devem ter sempre o mesmo início. Identifica-se a necessidade, motiva-se a contratação, para, então, partir-se para a verificação da melhor forma de sua prestação. Ou seja, a decisão pela contratação direta, por inexigibilidade ou dispensa, é posterior a toda uma etapa preparatória que deve ser a mesma para qualquer caso. A impossibilidade ou a identificação da possibilidade da contratação direta, como a melhor opção para a administração, só surge após a etapa inicial de estudos. Como a regra geral é a licitação, a sua dispensa ou inexigibilidade configuram exceções. Como tal, portanto, não podem ser adotadas antes das pesquisas e estudos que permitam chegar a essa conclusão.

Quem não especifica bem, acaba adquirindo o que não quer, não precisa ou algo inútil.

Vale ressaltar que o art. 9º, inc. I, da Lei nº 8.666/93, em respeito aos princípios da moralidade, isonomia e impessoalidade, veda expressamente a participação do autor do projeto básico na licitação ou na execução de obra ou serviço, seja de forma direta ou indireta, bem como do fornecimento de bens necessários para a consecução daqueles, permitindo-lhe, apenas, a participação no referido procedimento licitatório ou na execução da obra ou serviço, na condição de consultor ou técnico, desempenhando as funções de fiscalização, supervisão ou gerenciamento, exclusivamente a serviço da Administração. Tal ressalva está explicitada no §1º do mesmo art. 9º, da Lei nº 8.666/93:

> §1º É permitida a participação do autor do projeto ou da empresa a que se refere o inciso II deste artigo, na licitação de obra ou serviço, ou na execução, como consultor ou técnico, nas funções de fiscalização, supervisão ou gerenciamento, exclusivamente a serviço da Administração interessada.

A Lei nº 9.074/95 prevê, em seu art. 31, que há possibilidade de participação, direta ou indiretamente, dos autores ou responsáveis economicamente pelos projetos básico ou executivo nas licitações para a concessão e permissão de serviços públicos ou uso de bem público. Outra exceção à regra é a possibilidade de participação, direta ou indiretamente, dos autores ou responsáveis pelos projetos básico ou executivo das licitações, cujo objeto caracterize uma contratação integrada, ou seja, aquela que compreenda a elaboração e o desenvolvimento dos projetos básico e executivo, a execução de obras e serviços de engenharia, a montagem, a realização de testes, a pré-operação e todas as demais operações necessárias e suficientes para a entrega final do objeto, conforme dispõe o Regime Diferenciado de Contratação, a Lei nº 12.462/2011.

6 DA VALIDAÇÃO DA ATA DE REGISTRO DE PREÇOS

A Lei nº 8.666/93 prevê, em seu art. 15, inc. II, que a Administração Pública, sempre que possível, deverá realizar suas compras através do Sistema de Registro de Preços (SRP). Por sua vez, o Decreto nº 7.892/2013, em seu art. 2º, inc. II, dispõe que a ata de registro de preços é documento vinculativo, obrigacional, com característica de compromisso para futura contratação, em que se registram os preços, fornecedores, órgãos participantes e condições a serem praticadas, conforme as *disposições* contidas no instrumento convocatório e propostas apresentadas.[28]

Para Fernandes (2007, p. 271), a ata de registro de preços "firma o compromisso com vistas à futura contratação, além de especificar preços e condições", fazendo, dessa forma, distinção com o contrato e com a ata da licitação.

Preço de referência é a avaliação do custo do bem ou do serviço a ser contratado pela Administração Pública, mediante pesquisa de preços e de mercado. O Tribunal de Contas da União, através de seu Manual de Licitações e Contratos (2010, p. 87) faz distinção entre a pesquisa de preços e a pesquisa de mercado. Conceitua a primeira como "procedimento prévio e indispensável à verificação de existência de recursos suficientes para cobrir despesas decorrentes de contratação pública. Serve de base também para confronto e exame de propostas de licitação". Já quanto à pesquisa de mercado, conceitua como o "procedimento para verificação das exigências e condições do mercado fornecedor do objeto a licitar. Exemplo: especificação, qualidade, desempenho, prazos de entrega, prestação, execução, garantia".

Em Acórdão nº 324/2009 – Plenário, o TCU ratifica a importância do preço de referência para o julgamento das propostas ofertadas pelos licitantes:

> Atente para que os orçamentos que sirvam de base para decisão em certame licitatório contenham elementos que permitam avaliar se a proposta vencedora é de fato a mais vantajosa para a Entidade, considerando a composição dos custos unitários e sua compatibilidade com os preços de mercado.

Tal necessidade é reafirmada pelo art. 15, §1º, da Lei nº 8.666/93 que preceitua que o registro de preços será precedido de ampla pesquisa de mercado.

Para Fernandes (2007) a ampla pesquisa é requisito essencial de validade do SRP – Sistema de Registro de Preços – sendo que sua ausência pode ensejar a nulidade do SRP ou a obrigatoriedade de demonstrar a regularidade dos preços contratados.

---

[28] Texto original do referido artigo não alterado pelo decreto de 2014.

7 DA APLICABILIDADE DO PRINCÍPIO DA ECONOMICIDADE NAS LICITAÇÕES

Segundo Bugarin (2004, p. 129), o princípio da economicidade é a busca permanente pelos agentes públicos da melhor alocação possível dos escassos recursos públicos para solucionar ou mitigar os problemas sociais existentes.

Prevê o art. 70 da Constituição Federal:

> Art. 70. A fiscalização contábil, financeira, orçamentária, operacional e patrimonial da União e das entidades da administração direta e indireta, quanto à legalidade, legitimidade, economicidade, aplicação das subvenções e renúncia de receitas, será exercida pelo Congresso Nacional, mediante controle externo, e pelo sistema de controle interno de cada Poder.

Como expressamente previsto no art. 70, supra, a fiscalização contábil, financeira, orçamentária, operacional e patrimonial da União e das entidades da Administração direta e indireta, quanto à legalidade, legitimidade e economicidade é cogente.

No que pertine ao princípio da economicidade, o que quer a Administração Pública é alcançar os resultados esperados com o menor custo possível, ou seja, é alcançar o menor preço na contratação de prestação de serviços ou aquisição de bens sem lançar mão da qualidade desses. E, para que isso ocorra, algumas exigências devem ser atendidas, oportunamente na fase que precede a contratação, ou seja, na licitação.

Em reforço, entre as exigências a serem contempladas em editais de licitação visando alcançar a qualidade e o menor preço, está a perfeita qualificação/especificação e a atualização do preço de referência dos bens ou serviços a serem contratados, obedecendo a qualidade especificada no projeto básico ou no termo de referência. Portanto, procedendo a uma boa especificação, por consequência, as aquisições de bens, serviços e obras serão mais adequadas e assim atenderão ao princípio da economicidade.

Assim foi entendimento do TCU em seus Acórdãos nºs 845/2005, proferido pela Segunda Câmara, 2.014/2007 e 648/2007, proferidos pelo Plenário:

> Providencie, nas licitações na modalidade pregão, orçamento atualizado e detalhado que possa subsidiar o preço de referência e assegurar, desta forma, o princípio da economicidade, nos termos do art. 8º, inciso II, do Decreto nº 3.555/2000. (Acórdão nº 845/2005 – Segunda Câmara).

É imprescindível a fixação, no edital, dos critérios de aceitabilidade de preços unitários e globais, em face do disposto no art. 40, inciso X, c/c o art. 43, inciso IV, da Lei nº 8.666/1993.

Não é possível licitar obras e serviços sem que o respectivo orçamento detalhado, elaborado pela Administração, esteja expressando, com razoável precisão quanto aos valores de mercado, a composição de todos os seus custos unitários, nos termos do art. 7º, §2º, inciso II, da Lei nº 8.666/1993, tendo-se presente que essa peça é fundamental para a contratação pelo preço justo e vantajoso, na forma exigida pelo art. 3º da citada lei. (Acórdão nº 2.014/2007 – Plenário – Sumário)

Nenhum órgão ou entidade pública comprará sem a adequada caracterização de seu objeto, devendo observar-se, para sua realização, a especificação completa e a definição da quantidade e preço do bem a ser adquirido. (Acórdão nº 648/2007 – Plenário – Sumário)

Assim, é perfeitamente aplicável e cogente, em sede de licitações, o princípio da economicidade, uma vez que cumpre à Administração Pública realizar contratações que onerem o mínimo possível o orçamento, mas que angariem os melhores resultados para o interesse público.

8 DAS VANTAGENS E DA OBRIGATORIEDADE DA MODALIDADE PREGÃO

Com o advento da Lei nº 10.520/2002, uma nova modalidade de licitação passou a figurar além daquelas previstas na Lei nº 8.666/93: o Pregão. Disciplina a norma que essa nova modalidade de licitação, o Pregão, poderá ser adotada quando da contratação de bens e serviços comuns, assim considerados os produtos ou serviços cujos padrões de desempenho e qualidade pudessem ser objetivamente definidos pelo edital, por meio de especificações usuais no mercado.

O Pregão subdivide-se em mais duas modalidades de licitação: a) pregão presencial, regulamentado pelo Decreto nº 3.555/2000; b) pregão eletrônico, regulamentado pelo Decreto nº 5.450/2005.

O pregão presencial é a modalidade de licitação do tipo menor preço, destinada à aquisição de bens e de serviços comuns, qualquer que seja o valor estimado para a contratação, em que a disputa é feita por meio de propostas e lances sucessivos, em sessão pública. Já o pregão eletrônico diferencia-se do anterior em decorrência do fato de que a disputa é feita, essencialmente, com a utilização de tecnologia da informação, com promoção de comunicação pela internet.

E quais seriam as principais vantagens na utilização dessa nova modalidade de licitação para a Administração Pública? Dentre as mais relevantes destacam-se: a) a utilização do pregão independentemente do valor estimado do contrato; b) a celeridade processual com a inversão das fases de análise das propostas e da habilitação; c) a redução dos preços com a implementação da fase de lances.

Além dessas vantagens, que são comuns tanto para o pregão eletrônico, quanto para o pregão presencial, no pregão na sua forma eletrônica tem-se uma vantagem ainda maior em comparação com o pregão presencial, que é a fomentação da competitividade pelo encurtamento das distâncias pela utilização da internet e a perspectiva da redução de acertos ou conluios entre os licitantes.

Quanto à obrigatoriedade ou não da utilização do pregão nas modalidades presencial e eletrônica, a Lei nº 10.520/2002, em seu art. 1º, prevê: "Para aquisição de bens e serviços comuns, poderá ser adotada a licitação na modalidade de pregão, que será regida por esta Lei". A norma visivelmente facultou a utilização do pregão em substituição às demais modalidades (convite, tomada de preços e concorrência) quando da contratação de bens e serviços comuns.

Coube a decreto regulamentador tornar obrigatória a utilização do Pregão na esfera federal. Foi o que determinou o art. 4º, do Decreto nº 5.450/2005: "Nas licitações para aquisição de bens e serviços comuns será obrigatória a modalidade pregão, sendo preferencial a utilização da sua forma eletrônica".

Através do Decreto nº 5.450/2005 criou-se a obrigatoriedade da utilização do pregão, preferencialmente na forma eletrônica, para entes públicos ou privados, nas contratações de bens e serviços comuns, realizadas em consequência de transferências voluntárias de recursos públicos da União, decorrentes de convênios, instrumentos congêneres ou consórcios públicos. Portanto, estados e municípios não têm essa obrigação.

Na modalidade Pregão, de forma diversa do que ocorre nas demais modalidades licitatórias da Lei Geral de Licitação, existe apenas uma fase recursal, que juntará todas as decisões do pregoeiro, como fatos ainda na fase do credenciamento que impeçam o licitante de participar do certame, julgamento das propostas e da habilitação etc. Nos moldes da Lei nº 10.520/02, art. 4º, inc. XVIII, o recurso deverá ser interposto na sessão, imediata e motivadamente após a declaração do vencedor do certame. No pregão eletrônico, o Decreto nº 5.450/05, em seu art. 26, dispõe que qualquer licitante poderá, em campo próprio do sistema, de forma imediata e motivada, manifestar sua intenção de recorrer. Tanto no pregão presencial quanto no eletrônico, será concedido o prazo de três dias para apresentação das razões de recurso.

9 DESCUMPRIMENTO DO EDITAL EM RELAÇÃO AO CONTRATO POSTERIORMENTE ASSINADO

O contrato administrativo consiste basicamente num acordo de vontade firmado entre a Administração Pública e o particular, o qual apresenta contextualização política, econômica e social, conforme preleciona Justen Filho:

> *Relevância política*: "em um Estado Democrático, os bens ou serviços dos particulares somente poderão ser obtidos mediante a observância de certos procedimentos e dentro de limites específicos". O Estado e o particular celebram o acordo mediante consenso de ambas as partes.
> *Relevância econômica*: o contrato com o particular representa a satisfação das necessidades do Estado – "revela-se como economicamente mais vantajoso que o Estado promova a contratação de particulares para o desempenho de atividades necessárias à satisfação das necessidades coletivas. Ao invés de adquirir a propriedade de bens e instrumentos necessários à execução de serviços e à satisfação de necessidades coletivas, o Estado recorre à iniciativa privada".
> *Relevância político econômica*: "os gastos públicos são um fator essencial para a promoção do desenvolvimento econômico e social", na consecução das políticas públicas. (JUSTEN FILHO, 2010, p. 11-12, grifos nossos)

Os contratos vinculam-se aos termos do edital de licitação, conforme preceituam os artigos 41 e 54, §1º, da Lei nº 8.666/93:

> Art. 41. A Administração não pode descumprir as normas e condições do edital, ao qual se acha estritamente vinculada. [...]
> Art. 54 [...]
> §1º Os contratos devem estabelecer com clareza e precisão as condições para sua execução, expressas em cláusulas que definam os direitos, obrigações e responsabilidades das partes, em conformidade com os termos da licitação e da proposta a que se vinculam.

Portanto, via de regra, discrepâncias entre edital e contrato podem ocasionar a nulidade do instrumento contratual ou, no mínimo, da cláusula divergente, sem prejuízo de responsabilização dos responsáveis.

Contudo, oportunos são os ensinamentos de Gasparini (1999) em seu artigo "Validade das contratações em condições diversas do edital e da proposta" para o tema em questão. Nessa leitura, para Gasparini, o contrato "pode e deve ser firmado de modo diverso do disposto no instrumento convocatório ou do ato de liberação da licitação e seus respectivos anexos, se as novas condições favorecerem a Administração Pública". O estudioso convalida seu pensamento citando Dallari acerca da impossibilidade de se "licitar uma coisa e contratar outra coisa diferente, mas nada impede que o contrato se refira à mesma coisa licitada, mas com alterações ou adaptações destinadas à plena satisfação do interesse público" (DALLARI, 1997, p. 96 *apud* GASPARINI, 1999).

10 DO REGIME DIFERENCIADO DE CONTRATAÇÃO

O texto original da Lei nº 12.462/2011, que instituiu o Regime Diferenciado de Contratações Públicas (RDC), era aplicável, exclusivamente, às licitações e contratos necessários à realização dos Jogos Olímpicos e Paraolímpicos de 2016, da Copa das Confederações da Federação Internacional de Futebol Associação – FIFA 2013 e da Copa do Mundo FIFA 2014, além das obras de infraestrutura e de contratação de serviços para os aeroportos das capitais dos estados da Federação distantes até 350 km (trezentos e cinquenta quilômetros) das cidades sedes dos referidos jogos e copas.

Por força das Leis nºs 12.688/2012, 12.745/2012 e 12.980/2014, o texto original teve acréscimos, ampliando o raio de ação do novo regime de contratação, agora permeando as licitações e contratações que tratavam das ações integrantes do Programa de Aceleração do Crescimento (PAC), das obras e serviços de engenharia no âmbito do Sistema Único de Saúde – SUS e das obras e serviços de engenharia para construção, ampliação e reforma de estabelecimentos penais e unidades de atendimento socioeducativo.

A referida norma passou a tratar não apenas de questões que inicialmente se caracterizavam como pontuais, mas também das ações governamentais de natureza perene. Logo, o RDC, de transitório, passou a ser permanente.

O novo Regime Diferenciado de Contratação buscou replicar procedimentos que lhe permitissem garantir e resguardar o princípio da celeridade, marcante e presente na modalidade Pregão, pois, não diferentemente deste, o novo regime contempla a inversão das fases de habilitação e de apresentação das propostas; a realização do procedimento, preferencialmente, na forma eletrônica, admitida a presencial (com a respectiva justificativa); além da utilização da fase de disputa por lances.

Como uma das mais inovadoras questões trazidas pelo Regime Diferenciado de Contratação se tem a contratação integrada e a remuneração variável.

A contratação integrada, segundo a Lei nº 12.462/2011, em seu art. 9º, é voltada para a execução de obras e serviços de engenharia que envolvam inovação tecnológica ou técnica, possibilidade de execução com diferentes metodologias ou possibilidade de execução com tecnologias de domínio restrito no mercado. Na contratação integrada, quem elabora o projeto básico e o executivo (que inclui todas as operações necessárias e suficientes para a entrega final do objeto) é o contratado. E não é de se estranhar tal tipo de contratação, visto que, em alguns casos, a Administração já se mostrou inepta para elaborar projetos específicos que fogem à alçada da qualificação do seu corpo funcional.

A remuneração variável, prevista na mesma lei, está vinculada ao desempenho da contratada, cuja avaliação se guiará com base em metas, padrões de qualidade, critérios de sustentabilidade ambiental e prazo de entrega definidos no instrumento convocatório e no contrato.

Uma outra inovação trazida pelo novo Regime Diferenciado de Contratação, revestida de intrigante polêmica, é o sigilo do orçamento prévio estimado.

O art. 6º, da Lei nº 12.462/2011, preceitua que o "orçamento para a contratação será tornado [...] após o encerramento da licitação, sem prejuízo da divulgação [...] das demais informações necessárias para a elaboração das propostas". O legislador apenas demonstrou cautela ao não expor o quanto possui reservado para gastar com a futura aquisição. Tal disposição, em uma primeira análise, pode vir a macular o princípio da publicidade, positivado na Constituição Federal, em seu art. 37, e na própria Lei nº 8.666/93, em seu art. 3º.

Mas, ressalte-se, a própria Lei nº 8.666/93, em seu art. 43, §1º, impõe limitação ao princípio da publicidade ao privilegiar o "princípio do sigilo das propostas", reconhecendo, inclusive, como crime tipificado no art. 93, do mesmo diploma legal, a violabilidade da referida proposta.

Aqui se justifica o sigilo pelo interesse público, pois o prévio acesso pelos licitantes ao conteúdo das propostas frustraria o caráter competitivo do certame, não sendo diferente quanto ao sigilo do orçamento estimado pela Administração Pública.

11 CONCLUSÃO

O presente texto engendrou um debate teórico para elucidar algumas questões relativas às contratações públicas e se debruçou sobre diversos aspectos argumentativos, dentre eles, a garantia da isonomia nas licitações e a promoção do desenvolvimento nacional a partir da perspectiva da Lei nº 123/06; os parâmetros da contratação direta; as nuances da modalidade Pregão; as vantagens da ata de registro de preços, examinando alguns aspectos concernentes às licitações com foco nos dois regimes licitatórios – a Lei Geral de Licitação e o Regime Diferenciado de Contratação.

Assegurar a igualdade entre os licitantes contribui para o equilíbrio econômico no processo de disputa. Ao permitir certas vantagens dispensadas às empresas economicamente menos favorecidas, como a definição de critérios de desempates das propostas, ao assegurar o prazo de 5 (cinco) dias úteis para a regularização de restrição fiscal e a realização de processo licitatório destinado, exclusivamente, à participação de microempresas e empresas de pequeno porte nos itens de contratação, cujo valor seja de até R$80.000,00 (oitenta mil reais), de forma ampla, em nada fere o princípio da igualdade.

Além de tais benefícios, a Lei Complementar nº 128/08, que alterou a redação da Lei Complementar nº 123/06, criou a figura do Microempreendedor Individual (MEI), possibilitando aos autônomos, ou mesmo ambulantes, a exemplo de costureira, manicure, professor particular, dentre outros, a sua formalização enquanto empresário, com baixa contribuição tributária, gratuidade de taxas na abertura, inscrição, registro, alvará, licença, cadastro e demais atos necessários ao regular funcionamento da sua atividade, desburocratizando o processo de registro de empresas.

A promoção do desenvolvimento nacional no âmbito social, cultural e econômico é uma das funções do Estado, ou seja, estímulo e desenvolvimento da indústria brasileira e geração de novas tecnologias. É o que disciplina a Lei nº 12.349/2010, em seu art. 3º: a licitação pública também destina-se à "promoção do desenvolvimento nacional". Essa determinação passa a coexistir ao lado das determinações principiológicas da "garantia da observância do princípio da isonomia" e da "seleção da proposta mais vantajosa para a Administração" e do próprio princípio do "desenvolvimento nacional sustentável" trazido pela Lei do RDC.

A Lei nº 12.349/2010 alterou a Lei Geral de Licitações de forma a homenagear a promoção do desenvolvimento nacional, como provam os §§5º, 6º e 7º, do art. 3º, da Lei nº 8.666/93.

Sem sombra de dúvidas o incentivo às indústrias nacionais enaltece o princípio da promoção do desenvolvimento nacional, colaborando com o crescimento da indústria e com a geração de emprego e tecnologia no Brasil.

Quanto às vantagens que oferece o Pregão, como modalidade de licitação, nele independe o valor estimado do futuro contrato que o utilizará, não há exigências quanto a patamar de valores; a inovação da inversão das fases do processo licitatório, em que, antes de se analisar os documentos de habilitação, analisam-se as propostas de preços, contemplando-se o princípio da celeridade concebido na própria lei que a criou; a economicidade, pois a etapa competitiva de oferta de lances traz sensível redução de preços; a redução da possibilidade de litígios, em decorrência de que há apenas uma oportunidade para interposição de recursos administrativos, imediatamente após a decisão do pregoeiro sobre a habilitação, devendo o recorrente se fazer presente à sessão do pregão e manifestar, de forma motivada, a intenção de recorrer.

O sistema de registro de preços apresenta como vantagens a dispensabilidade da existência de orçamento prévio para realização do certame licitatório; a consumação da contratação somente daquilo que realmente necessitar, não assumindo o compromisso de contratação, nem mesmo de quantitativos mínimos, na hipótese de tal necessidade não existir; o licitante compromete-se a manter durante o prazo definido a disponibilidade do produto nos quantitativos máximos pretendidos pelos preços registrados em ata; redução do volume de estoque em decorrência de as compras poderem ser realizadas de forma parcelada.

O Regime Diferenciado de Contratação, previsto na Lei nº 12.462/2011, trouxe consigo algumas inovações, embora replicando procedimentos já conhecidos na Lei Geral de Licitações, bem como alguns aplicáveis à modalidade Pregão, tais como a possibilidade de utilização de disputa por lances, na forma eletrônica ou presencial, e a existência da fase recursal única, proporcionando celeridade à licitação. Inovou quando possibilitou a contratação de forma integrada, em casos específicos, nas obras e serviços de engenharia, e instituiu fórmulas de premiação aos contratados que executassem obras com maior qualidade ou com antecipação de prazos de execução, através da remuneração variável.

Por fim, aqui se pretendeu, oportunamente, expor algumas peculiaridades referentes às contratações públicas para o desenvolvimento de uma consciência em torno de como acontecem os contratos e as licitações no âmbito da Administração Pública. Ainda, objetivou-se enveredar pelos meandros do mecanismo que baliza as contratações públicas, conforme as exigências contidas em legislações esparsas, através do Regime Geral de Licitações e Contratos ou do Novo Regime

Diferenciado de Contratações Públicas, fazendo emergir a noção da responsabilidade sobre a *res publica* e sua administração de forma clara, objetiva, legal, prática e verdadeiramente cidadã.

Esses olhares sobre o gerenciamento da coisa pública precisam ser incansavelmente apurados, treinados, não apenas pelos que transitam ou comandam postos no seio da governabilidade, mas entre todas as pessoas, sejam físicas ou jurídicas.

1 2 QUESTÕES E RESPOSTAS COMPLEMENTARES AO TEMA

1) O que é preço de referência para efeito de edital de licitação e como normalmente é obtido?

Preço de referência é a avaliação do custo do bem ou do serviço a ser contratado pela Administração Pública, mediante pesquisa de preços e de mercado.

O Tribunal de Contas da União, através de seu Manual de Licitações, faz distinção entre a pesquisa de preços e a pesquisa de mercado. Conceitua a primeira como "o procedimento prévio e indispensável à verificação de existência de recursos suficientes para cobrir despesas decorrentes de contratação pública. Serve de base também para confronto e exame de propostas de licitação". Já quanto à pesquisa de mercado, conceitua como o "procedimento para verificação das exigências e condições do mercado fornecedor do objeto a licitar. Exemplo: especificação, qualidade, desempenho, prazos de entrega, prestação, execução, garantia".

Em Acórdão nº 324/2009 – Plenário, o TCU ratifica a importância do preço de referência para o julgamento das propostas ofertadas pelos licitantes:

> Atente para que os orçamentos que sirvam de base para decisão em certame licitatório contenham elementos que permitam avaliar se a proposta vencedora é de fato a mais vantajosa para a Entidade, considerando a composição dos custos unitários e sua compatibilidade com os preços de mercado.

2) O que é ata de registro de preços?

A Lei nº 8.666/93 prevê, em seu art. 15, inc. II, que a Administração Pública, sempre que possível, deverá realizar suas compras através do Sistema de Registro de Preços.

O Decreto nº 7.892/2013, em seu art. 2º, inc. II, dispõe que a ata de registro de preços é documento vinculativo, obrigacional, com característica de compromisso para futura contratação, em que se registram os preços, fornecedores, órgãos participantes e condições a serem praticadas, conforme as disposições contidas no instrumento convocatório e propostas *apresentadas*.

Para Jacoby, a ata de registro de preços "firma o compromisso com vistas à futura contratação, além de especificar preços e condições", fazendo, dessa forma, distinção com o contrato e com a ata da licitação (Sistema e Registro de Preços e Pregão Presencial e Eletrônico, p. 271).

3) Para utilização de uma ata de registro de preços, é necessária uma prévia validação através de pesquisa de mercado? Por quê?

Tal necessidade é reafirmada pelo art. 15, §1º, da Lei nº 8.666/93 que preceitua que o registro de preços será precedido de ampla pesquisa de mercado.

Para Jacoby, a ampla pesquisa é requisito essencial de validade do SRP – Sistema de Registro de Preços – sendo que sua ausência pode ensejar a nulidade do SRP ou a obrigatoriedade de demonstrar a regularidade dos preços contratados (Sistema de Registro de Preços e Pregão Presencial e Eletrônico, p. 169).

4) O que é o princípio da isonomia?

É um princípio constitucional que visa garantir aos interessados o direito de competir nas licitações públicas de forma igualitária.

É o que prevê a Constituição Federal no seu art. 37, inc. XXI:

> XXI - ressalvados os casos especificados na legislação, as obras, serviços, compras e alienações serão contratados mediante processo de licitação pública que assegure igualdade de condições a todos os concorrentes, com cláusulas que estabeleçam obrigações de pagamento, mantidas as condições efetivas da proposta, nos termos da lei, o qual somente permitirá as exigências de qualificação técnica e econômica indispensáveis à garantia do cumprimento das obrigações.

Bandeira de Mello reconhece o princípio da isonomia nos processos licitatórios como:

> O princípio da igualdade implica o dever não apenas de tratar isonomicamente todos os que afluírem ao certame, mas também o de ensejar oportunidade de disputá-lo a quaisquer interessados que, desejando dele participar, podem oferecer as indispensáveis condições de garantia.

É o que prevê o já referido art. 37, inc. XXI, do Texto Constitucional. Aliás, o §1º do art. 3º, da Lei nº 8.666, proíbe que o ato convocatório do certame admita, preveja, inclua ou tolere cláusulas ou condições capazes de frustrar ou restringir o caráter competitivo do procedimento licitatório e veda o estabelecimento de preferências ou distinções em razão da naturalidade, sede ou domicílio dos licitantes, bem como entre empresas brasileiras ou estrangeiras, ou de qualquer outra circunstância impertinente ou irrelevante para o objeto do contrato.

Observação: Não significa que fere o princípio da isonomia o art. 179 da CF/88:

> Art. 179. A União, os Estados, o Distrito Federal e os Municípios dispensarão às microempresas e às empresas de pequeno porte, assim definidas em lei, tratamento jurídico diferenciado, visando a incentivá-las pela simplificação de suas obrigações administrativas, tributárias, previdenciárias e creditícias, ou pela eliminação ou redução destas por meio de lei.
> Lei nº 123/2006 [...]
> Art. 44. Nas licitações será assegurada, como critério de desempate, preferência de contratação para as microempresas e empresas de pequeno porte.
> §1º Entende-se por empate aquelas situações em que as propostas apresentadas pelas microempresas e empresas de pequeno porte sejam iguais ou até 10% (dez por cento) superiores à proposta mais bem classificada.
> §2º Na modalidade de pregão, o intervalo percentual estabelecido no §1º deste artigo será de até 5% (cinco por cento) superior ao melhor preço.

5) De que forma o princípio da isonomia deve ser preservado num edital?

Como bem retratado pelo §1º, do art. 3º, da Lei nº 8.666/93, deve-se proibir que no ato convocatório do certame se admita, preveja, inclua ou tolere cláusulas ou condições capazes de frustrar ou restringir o caráter competitivo da licitação.

6) Quais são as condições necessárias para uma dispensa de licitação?

Dispõe o art. 37, inc. XXI, sobre o instituto da licitação, que é regra para contratação pela Administração Pública direta ou indireta, salvo nos casos de *contratação direta*: através da dispensa (*dispensada* – art. 17 – voltada à alienação de bens móveis e imóveis da Administração; e *dispensável* – art. 24) ou inexigibilidade (art. 25).

Para Di Pietro (2011), os casos de licitação dispensada, previstos no art. 17, da Lei nº 8.666/93, "escapam à discricionariedade administrativa, por estarem já determinados por lei". São eles:

I - quando imóveis, dependendo de autorização legislativa para órgãos da administração direta e entidades autárquicas e fundacionais, e, para todos, inclusive as entidades paraestatais, dependendo ainda de avaliação prévia:

a) dação em pagamento;

b) doação, permitida exclusivamente para outro órgão ou entidade da administração pública, de qualquer esfera de governo, ressalvado o disposto nas alíneas f, h e i;

c) permuta, por outro imóvel que atenda aos requisitos constantes do inciso X do art. 24 da Lei 8.666/93;

d) investidura;

e) venda a outro órgão ou entidade da administração pública, de qualquer esfera de governo;

f) alienação gratuita ou onerosa, aforamento, concessão de direito real de uso, locação ou permissão de uso de bens imóveis residenciais construídos, destinados ou efetivamente utilizados no âmbito de programas habitacionais ou de regularização fundiária de interesse social desenvolvidos por órgãos ou entidades da administração pública; (Redação dada pela Lei nº 11.481, de 2007)

g) procedimentos de legitimação de posse de que trata o art. 29 da Lei no 6.383, de 7 de dezembro de 1976, mediante iniciativa e deliberação dos órgãos da Administração Pública em cuja competência legal inclua-se tal atribuição; (Incluído pela Lei nº 11.196, de 2005)

h) alienação gratuita ou onerosa, aforamento, concessão de direito real de uso, locação ou permissão de uso de bens imóveis de uso comercial de âmbito local com área de até 250 m² (duzentos e cinquenta metros quadrados) e inseridos no âmbito de programas de regularização fundiária de interesse social desenvolvidos por órgãos ou entidades da administração pública; (Incluído pela Lei nº 11.481, de 2007)

i) alienação e concessão de direito real de uso, gratuita ou onerosa, de terras públicas rurais da União na Amazônia Legal onde incidam ocupações até o limite de 15 (quinze) módulos fiscais ou 1.500ha (mil e quinhentos hectares), para fins de regularização fundiária, atendidos os requisitos legais;

II - quando móveis, dependendo de avaliação prévia:

a) doação, permitida exclusivamente para fins e uso de interesse social, após avaliação de sua oportunidade e conveniência sócio-econômica, relativamente à escolha de outra forma de alienação;

b) permuta, permitida exclusivamente entre órgãos ou entidades da Administração Pública;

c) venda de ações, que poderão ser negociadas em bolsa, observada a legislação específica;

d) venda de títulos, na forma da legislação pertinente;

e) venda de bens produzidos ou comercializados por órgãos ou entidades da Administração Pública, em virtude de suas finalidades;

f) venda de materiais e equipamentos para outros órgãos ou entidades da Administração Pública, sem utilização previsível por quem deles dispõe.

Di Pietro (2011) descreve que na licitação dispensável há possibilidade de competição (ao alcance da competência discricionária da Administração), já na inexigibilidade não há possibilidade de competição, isto porque só existe um objeto ou uma pessoa que atenda às necessidades da Administração, sendo, portanto, a licitação é inviável.

As hipóteses de *licitação dispensável* (art. 24 e incisos), segundo Maria Sylvia Zanella Di Pietro (2011), podem ser divididas em quatro categorias:

a) em razão do pequeno valor;
b) em razão de situações excepcionais;
c) em razão do objeto;
d) em razão da pessoa.

Em razão do pequeno valor, é dispensável a licitação para obras e serviços de engenharia de valor até 10% do limite previsto na alínea "a", do inc. I, do art. 23, desde que não se refiram a parcelas de uma mesma obra ou serviço ou ainda de obras e serviços da mesma natureza e no mesmo local que possam ser realizados conjunta ou concomitantemente (art. 24, com a redação dada pela Lei nº 9.648/98); para outros serviços e compras de valor até 10% do limite previsto na alínea "a", do inc. II, do art. 23, e para alienações, nos casos previstos na lei (art. 17), desde que não se refiram a parcelas de um mesmo serviço, compra ou alienação de maior vulto que possa ser realizada de uma só vez (inc. II, alterado pela Lei nº 9.648/98).

O inc. I foi alterado, substituindo o conceito de licitações simultâneas e sucessivas pelo de realização "conjunta e concomitante"; a dispensa só será possível se ocorrerem os seguintes requisitos: que se trate da mesma obra ou serviço ou, alternadamente, de obras ou serviços da mesma natureza e no mesmo local, que possam ser realizados conjunta e concomitantemente. Embora não prevista a ressalva contida na parte final do §5º do art. 23, ela é também cabível neste caso, pois se a obra ou serviço exige profissional de outra especialidade, é evidente que a sua contratação tem de ocorrer em procedimento de licitação diverso.

De acordo com o parágrafo único, inserido no art. 24, da Lei nº 9.648/98, alterado pela Lei nº 11.107/2005 (Lei dos Consórcios Públicos), o percentual referido nos incs. I e II, do *caput* deste artigo, será 20 para compras, obras e serviços contratados por consórcios públicos, sociedades de economia mista e empresa pública, bem assim por autarquia e fundação qualificadas, na forma da lei, como Agências Executivas. Com essa norma, tais entidades terão maior possibilidade de dispensar licitações em razão do valor.

Em *razão de situações excepcionais*, as hipóteses:
- casos de guerra ou grave perturbação da ordem (inc. III do art. 24);
- casos de emergência ou de calamidade pública (inc. IV do art. 24).
- quando não acudirem interessados à licitação anterior e esta, justificadamente, não puder ser repetida sem prejuízo para a Administração, mantidas, neste caso, todas as condições pre-estabelecidas (inc. V do art. 24);
- na contratação de remanescente de obra, serviço ou fornecimento, em consequência de rescisão contratual, desde que atendida a ordem de classificação da licitação anterior e aceitas as mesmas condições oferecidas pelo licitante vencedor, inclusive quanto ao preço, devidamente corrigido (inc. XI do art. 24);
- quando a União tiver que intervir no domínio econômico para regular preços ou normalizar o abastecimento (inc. VI do art. 24);
- quando as propostas apresentadas consignarem preços manifestamente superiores aos praticados no mercado nacional, ou forem incompatíveis com os fixados pelos órgãos oficiais competentes (inciso VII do art. 24);
- quando houver possibilidade de comprometimento da segurança nacional, nos casos estabelecidos em decreto do Presidente da República, ouvido o Conselho de Defesa Nacional (inc. IX do art. 24);
- para a aquisição de bens e serviços nos termos de acordo internacional específico aprovado pelo Congresso Nacional, quando as condições ofertadas forem manifestamente vantajosas para o Poder Público (inc. XIV do art. 24);
- na contratação da coleta, processamento e comercialização de resíduos sólidos urbanos recicláveis ou reutilizáveis, que áreas com sistema de coleta seletiva de lixo, efetuados por associações ou cooperativas formadas exclusivamente por pessoas físicas de baixa renda reconhecidas pelo Poder Público como catadores de materiais recicláveis, com o uso de equipamentos compatíveis com as normas técnicas, ambientais e de saúde pública (inc. XXVII do art. 24);

- para o fornecimento de bens e serviços, produzidos ou prestados no país, que envolvam, cumulativamente, alta complexidade tecnológica e defesa nacional, mediante parecer de comissão especial designada pela autoridade máxima do órgão (inc. XXVIII do art. 24).

Em *razão do objetivo*, o art. 24 prevê as seguintes hipóteses:
- para a compra ou locação de imóvel destinado ao atendimento das finalidades precípuas da Administração, cujas necessidades de instalação e localização condicionem sua escolha, desde que o preço seja compatível com o valor de mercado, segundo avaliação prévia (inc. X);
- nas compras de hortifrutigranjeiros, pão e outros gêneros perecíveis, no tempo necessário para a realização dos processos licitatórios correspondentes, realizadas diretamente com base no preço do dia (inc. XII);
- para a aquisição ou restauração de obras de arte e objetos históricos, de autenticação certificada, desde que compatíveis com as finalidades do órgão ou entidade ou inerentes a elas (inc. XV);
- para aquisição de componentes ou peças de origem nacional ou estrangeira, necessários à manutenção de equipamentos durante o período de garantia técnica, junto ao fornecedor original desses equipamentos, quando tal condição de exclusividade for indispensável para a vigência da garantia (inc. XVII);
- nas compras de materiais de uso pelas Forças Armadas, com exceção de materiais de uso pessoal e administrativo, quando houver necessidade de manter a padronização requerida pela estrutura de apoio logístico dos meios navais, aéreos e terrestres, mediante parecer de comissão instituída por decreto (inc. XIX);
- para aquisição de bens destinados exclusivamente à pesquisa científica e tecnológica com recursos concebidos pela CAPES, FINEP, CNPq ou outras instituições de fomento a pesquisas credenciadas pelo CNPq para esse fim específico (inc. XXI);
- na contratação realizada por Instituição Científica e Tecnológica (ICT) ou por agência de fomento para a transferência de tecnologia e para o licenciamento de direito de uso ou de exploração de criação protegida (inc. XXV);
- na aquisição de bens e contratação de serviços para atender aos contingentes militares das Forças Singulares brasileiras empregadas em operações de paz no exterior, necessariamente

justificadas quanto ao preço e à escolha do fornecedor ou executante e ratificadas pelo Comandante da Força (inc. XXIX);
- na contratação de instituição ou organização pública ou privada, com ou sem fins lucrativos, para a prestação de serviços de assistência técnica e extensão rural no âmbito do Programa Nacional de Assistência Técnica de Extensão Rural na Agricultura Familiar e na Reforma Agrária, instituído por lei federal (inc. XXX);
- nas contratações visando ao cumprimento do disposto nos arts. 3º, 4º, 5º e 20 da Lei nº 10.973, de 2.12.2004, observando os princípios gerais de contratação dela constantes (inc. XXXI).

Em *razão da pessoa*, o art. 24 prevê as seguintes hipóteses de dispensa:
- para a aquisição, por pessoa jurídica de direito público interno, de bens produzidos ou serviços prestados por órgão ou entidade que integre a Administração Pública e que tenha sido criado para esse fim específico em data anterior à vigência desta lei, desde que o preço contratado seja compatível com o praticado no mercado (inc. VIII);
- para a impressão dos diários oficiais, formulários padronizados de uso da Administração, de edições técnicas oficiais, bem como para a prestação de serviços de informática a pessoa jurídica de direito público interno, por órgão ou entidades que integrem a Administração Pública, criados para esse fim específico (inc. XVI);
- na contratação de instituição brasileira, incumbida regimental ou estatutariamente da pesquisa, do ensino ou do desenvolvimento institucional, ou de instituição dedicada à recuperação social do preso, desde que a contratada detenha inquestionável reputação ético-profissional (inc. XIII);
- na contratação de associação de portadores de deficiência física, sem fins lucrativos e de comprovada idoneidade, por órgãos ou entidades da Administração Pública, para a prestação de serviços ou fornecimento de mão de obra, desde que o preço contratado seja compatível com o praticado no mercado (inc. XX);
- na contratação do fornecimento ou suprimento de energia elétrica e gás natural, com concessionário, permissionário ou autorizado, segundo as normas da legislação específica (inc. XXII);
- na contratação realizada por empresa pública ou sociedade de economia mista com suas subsidiárias e controladas, para

a aquisição ou alienação de bens, prestação ou obtenção de serviços, desde que o preço contratado seja compatível com o praticado no mercado (inc. XXIII);
- para a celebração de contratos de prestação de serviços com as organizações sociais, qualificadas no âmbito das respectivas esferas de governo, para as atividades contempladas no contrato de gestão (inc. XXIV);
- na celebração de contrato de programa com ente da Federação ou com entidade de sua administração indireta, para a prestação de serviços públicos de forma associada nos termos do autorizado em contrato de consórcio público ou em convênio de cooperação (inc. XXVI).

Ainda segundo Maria Sylvia Zanella Di Pietro (2011), embora não prevista no art. 24 da Lei nº 8.666/93, também constitui hipótese de dispensa de licitação, em razão da pessoa, a prevista no art. 1º-A da Lei nº 8.958/94, que dispõe sobre as relações entre as instituições federais de ensino superior e de pesquisa científica e tecnológica e as fundações de apoio.

As situações de inexigibilidade são exemplificativas, pois sempre que se constatar uma situação distinta daquelas, porém verificada a inviabilidade de competição, tal hipótese deverá recair na ampla regra do *caput* do art. 25.

Segundo a lei, as três situações de inexigibilidade são exemplificativas e justificam a inviabilidade de competição, como se seguem:

I - para aquisição de materiais, equipamentos, ou gêneros que só possam ser fornecidos por produtor, empresa ou representante comercial exclusivo, vedada a preferência de marca, devendo a comprovação de exclusividade ser feita através de atestado fornecido pelo órgão de registro do comércio do local em que se realizaria a licitação ou a obra ou o serviço, pelo Sindicato, Federação ou Confederação Patronal, ou, ainda, pelas entidades equivalentes;

II - para a contratação de serviços técnicos enumerados no art. 13 desta Lei, de natureza singular, com profissionais ou empresas de notória especialização, vedada a inexigibilidade para serviços de publicidade e divulgação;

III - para contratação de profissional de qualquer setor artístico, diretamente ou através de empresário exclusivo, desde que consagrado pela crítica especializada ou pela opinião pública.

Embora dispensada, dispensável ou inexigível a licitação, o art. 26, da Lei nº 8.666/93 dispõe que nas dispensas previstas nos

§§ 2º e 4º do art. 17, e no inc. III e seguintes do art. 24, as situações de inexigibilidade referidas no art. 25 deverão ser necessariamente justificadas e comunicadas dentro de 3 (três) dias, à autoridade superior, para ratificação e publicação na imprensa oficial, no prazo de 5 (cinco) dias, como condição para a eficácia dos atos e, no caso da autoridade, em razão da ausência de publicação, estará sujeita às sanções da Lei de Improbidade Administrativa.

Além do mais, o parágrafo único do mesmo art. 26 dispõe quanto à instrução do processo de dispensa e de inexigibilidade, caracterizando, quando couber, a situação emergencial ou calamitosa que justifique a dispensa; a razão da escolha do fornecedor ou executante; a justificativa do preço; e o documento de aprovação dos projetos de pesquisa aos quais os bens serão alocados.

7) O que caracteriza uma emergência para efeito de dispensa de licitação?

A situação emergencial, para efeito de dispensa de licitação, está caracterizada no inc. IV, do art. 24, da Lei 8.666/93, ou seja,

> quando caracterizada urgência de atendimento de situação que possa ocasionar prejuízo ou comprometer a segurança de pessoas, obras, serviços, equipamentos e outros bens, públicos ou particulares, e somente para os bens necessários ao atendimento da situação emergencial ou calamitosa.

Para efeitos do Decreto nº 7.257/2010, situação de emergência é a situação anormal, provocada por desastres, causando danos e prejuízos que impliquem o comprometimento *parcial da capacidade de resposta do Poder Público do ente atingido.*

O TCU, em Decisão nº 347 – Plenário, descreve alguns requisitos necessários à caracterização dos casos de emergência ou de calamidade pública:

> Ao concluir suas análises, a instrução considera que a presente solicitação preenche os requisitos de admissibilidade previstos no art. 210 do Regimento Interno do TCU, para ser conhecida como consulta (fls. 28, itens 48 e 49, I), e propõe que o Tribunal:
> "II - responda à Autoridade interessada:
> a) que, além da adoção das formalidades previstas no art. 26 e seu parágrafo único da Lei no 8.666/93, são pressupostos da aplicação do caso de dispensa preconizado art. 24, IV, da mesma Lei:

a.1) que a situação adversa, dada como de emergência ou de calamidade pública, não tenha se originado, total ou parcialmente, da falta de planejamento, da desídia administrativa ou da má gestão dos recursos disponíveis, ou seja, que ela não possa, em alguma medida, ser atribuída à culpa ou dolo do(s) agente(s) público(s) que tinha(m) o dever de agir para prevenir a ocorrência de tal situação;

a.2) que exista urgência concreta e efetiva do atendimento a situação decorrente do estado emergencial ou calamitoso, visando afastar risco de danos a bens ou à saúde ou à vida de pessoas;

a.3) que o risco, além de concreta e efetivamente provável, se mostre iminente e especialmente gravoso;

a.4) que a imediata efetivação, por meio de contratação com terceiro, de determinadas obras, serviços ou compras, segundo as especificações e quantitativos tecnicamente apurados, seja o meio adequado, efetivo e eficiente de afastar o risco iminente detectado;

8) O que se entende por "emergência fabricada"?

Emergência fabricada é a situação de emergência que decorre da ação, dolosa (intencional) ou culposa do administrador (decorrente da falta de planejamento, da desídia administrativa ou da má gestão dos recursos públicos) que culminam numa contratação dispensável sob o pretexto de não causar dano maior à Administração Pública.

Jurisprudência do Tribunal de Contas da União consolida o entendimento:

> Só realizar aquisições com dispensa de licitação, fundada no inc. IV do art. 24 da Lei 8.666/93, quando devidamente caracterizada a situação de emergência ou de calamidade pública, desde que a situação não se tenha originado, total ou parcialmente, da falta de planejamento, da desídia administrativa ou da má gestão de recursos disponíveis e desde que esteja comprovado que a imediata contratação é o meio adequado, efetivo e eficiente de afastar o risco iminente detectado, conforme entendimento desta Corte, exarado na Decisão nº 347/94 – Plenário, Ata nº 22/94. (TCU, Decisão nº 811/1996, Plenário, Rel. Min. Paulo Affonso Martins de Oliveira, *DOU* de 16.01.1997)

9) O que caracteriza a irregularidade "fracionamento" nas compras governamentais?

Para o TCU, fracionamento, à luz da Lei de Licitações, caracteriza-se quando se divide a despesa para utilizar modalidade de licitação inferior à recomendada pela legislação para o total da despesa ou para efetuar contratação direta (Licitações e Contratos, Orientações e Jurisprudência do TCU, p. 104)

A vedação ao fracionamento é explicitada no art. 23, §5º, da Lei nº 8.666/93:

> §5º É vedada a utilização da modalidade "convite" ou "tomada de preços", conforme o caso, para parcelas de uma mesma obra ou serviço, ou ainda para obras e serviços da mesma natureza e no mesmo local que possam ser realizadas conjunta e concomitantemente, sempre que o somatório de seus valores caracterizar o caso de "tomada de preços" ou "concorrência", respectivamente, nos termos deste artigo, exceto para as parcelas de natureza específica que possam ser executadas por pessoas ou empresas de especialidade diversa daquela do executor da obra ou serviço.

10) Qual período mínimo deve ser obedecido para não caracterizar um fracionamento?

O período a ser respeitado é o do exercício financeiro.

Em Acórdão nº 324/2009 – Plenário, o TCU apresentou seu posicionamento quanto ao período mínimo a ser observado: "Planeje adequadamente as compras e a contratação de serviços durante o exercício financeiro, de forma a evitar a prática de fracionamento de despesas".

11) Qual é a documentação necessária para uma empresa participar de um edital de licitação?

Para se habilitar a participar de procedimento licitatório, os interessados devem apresentar a documentação listada no art. 27 da Lei nº 8.666/93:

> I – habilitação jurídica [aptidão efetiva de exercer direitos e contrair obrigações];
> II – regularidade fiscal [atendimento às exigências do fiscal e trabalhista – Lei nº 12.440/11];
> III – qualificação técnica [conjunto de requisitos profissionais];
> IV – qualificação econômico-financeira [capacidade para satisfazer os encargos econômico-financeiros decorrentes do contrato];
> V – regularidade fiscal e trabalhista [*vide* arts. 42 e 43 da Lei nº 123/2006, a seguir];
> VI – Declaração de cumprimento do disposto no inciso XXXIII do art. 7º da Constituição Federal [de que não há na empresa nenhum trabalhador menor de dezesseis anos, salvo na condição de aprendiz e trabalhador menor de dezoito anos nas condições de trabalho noturno, perigoso ou insalubre].

Observação:

> Lei nº 123/2006 [...]
> Art. 42. Nas licitações públicas, a comprovação de regularidade fiscal das microempresas e empresas de pequeno porte somente será exigida para efeito de assinatura do contrato.
> Art. 43. As microempresas e empresas de pequeno porte, por ocasião da participação em certames licitatórios, deverão apresentar toda a documentação exigida para efeito de comprovação de regularidade fiscal, mesmo que esta apresente alguma restrição.
> §1º Havendo alguma restrição na comprovação da regularidade fiscal, será assegurado o prazo de 2 (dois) dias úteis, cujo termo inicial corresponderá ao momento em que o proponente for declarado o vencedor do certame, prorrogáveis por igual período, a critério da Administração Pública, para a regularização da documentação, pagamento ou parcelamento do débito, e emissão de eventuais certidões negativas ou positivas com efeito de certidão negativa.
> §2º A não-regularização da documentação, no prazo previsto no §1º deste artigo, implicará decadência do direito à contratação, sem prejuízo das sanções previstas no art. 81 da Lei nº 8.666, de 21 de junho de 1993, sendo facultado à Administração convocar os licitantes remanescentes, na ordem de classificação, para a assinatura do contrato, ou revogar a licitação.

12) Qual é a consequência do descumprimento de uma cláusula do edital de licitação em relação ao contrato posteriormente assinado?

Os contratos vinculam-se aos termos do edital de licitação, conforme preceituam os art. 41 e 54, §1º, da Lei nº 8.666/93:

> Art. 41. A Administração não pode descumprir as normas e condições do edital, ao qual se acha estritamente vinculada. [...]
> Art. 54. [...]
> §1º Os contratos devem estabelecer com clareza e precisão as condições para sua execução, expressas em cláusulas que definam os direitos, obrigações e responsabilidades das partes, em conformidade com os termos da licitação e da proposta a que se vinculam.

Portanto, via de regra, discrepâncias entre edital e contrato podem ocasionar a nulidade do instrumento contratual ou, no mínimo, da cláusula divergente, sem prejuízo de responsabilização dos responsáveis.

Contudo, oportunos são os ensinamentos de Diógenes Gasparini (1999) em seu artigo "Validade das contratações em condições diversas do edital e da proposta" para o tema em questão. Nessa leitura, para Gasparini, o contrato "pode e deve ser firmado de modo diverso do disposto no instrumento convocatório ou do ato de liberação da licitação e seus respectivos anexos, se as novas condições favorecerem a Administração Pública". E convalida seu pensamento citando Adilson Abreu Dallari: "não se pode licitar uma coisa e contratar outra coisa diferente, mas nada impede que o contrato se refira à mesma coisa licitada, mas com alterações ou adaptações destinadas à plena satisfação do interesse público" (DALLARI, 1997, p. 96 *apud* GASPARINI, 1999).

13) Em qual situação a planilha de quantitativos e custos unitários do projeto deve fazer parte de um edital de licitação de obras?

Impõe ainda o art. 7º, §2º, inc. II, da Lei nº 8.666/93, que as obras e serviços somente poderão ser licitados quando existir orçamento detalhado em planilhas que expressem a composição de todos os seus custos unitários, devendo ser parte integrante do edital na forma de anexo por força do art. 40, §2º, inc. II, da mesma Lei.

Assim tem manifestado o TCU em referência a obras e serviços, afirmando que a estimativa será detalhada em planilhas que expressem a composição de todos os custos unitários, ou seja, a estimativa do valor da contratação deve estar disposta sob a forma de orçamento estimado em planilha de quantitativos e preços unitários (Licitações e Contratos, Orientações e Jurisprudência do TCU, p. 86):

> A composição dos custos unitários expressos em planilha orçamentária é indispensável, nos termos do art. 7º, §2º, da Lei no 8.666/1993. (Acórdão nº 1.240/2008 Plenário – Sumário)
> Faça constar dos futuros processos licitatórios o orçamento detalhado em planilhas que expressem a composição de todos os seus custos unitários, a fim de dar cumprimento ao art. 7º, §2º, inciso II, da Lei no 8.666/1993. (Acórdão nº 2.444/2008 – Plenário)

14) É necessária a divisão expressa dos percentuais de participação de cada empresa no caso de edital de licitação de consórcio de obras?

Sim. O art. 33, inc. III, da Lei nº 8.666/93, impõe que, quando permitida na licitação a participação de empresas em consórcio, deverá ser observado, para efeito de qualificação econômico-financeira, o somatório dos valores de cada consorciado, na proporção de sua respectiva participação, podendo a Administração estabelecer, para o consórcio, um acréscimo de até 30% (trinta por cento) dos valores exigidos para licitante individual, inexigível este acréscimo para os consórcios compostos, em sua totalidade, por micro e pequenas empresas assim definidas em lei.

15) Existe a necessidade de projeto básico no edital de licitação de obras? Por quê?

Segundo o art. 6º, inc. IX, da Lei nº 8.666/93, o projeto básico é necessário para caracterizar a obra:

> IX - Projeto Básico - conjunto de elementos necessários e suficientes, com nível de precisão adequado, para caracterizar a obra ou serviço, ou complexo de obras ou serviços objeto da licitação, elaborado com base nas indicações dos estudos técnicos preliminares, que assegurem a viabilidade técnica e o adequado tratamento do impacto ambiental do empreendimento, e que possibilite a avaliação do custo da obra e a definição dos métodos e do prazo de execução, devendo conter os seguintes elementos: [...]

Impõe ainda o art. 7º, §2º, inc. I, da referida lei, que as obras e serviços somente poderão ser licitados quando houver projeto básico aprovado pela autoridade competente e disponível para exame dos interessados em participar do processo licitatório.

Sobre o tema, em Acórdão nº 994/2006 – Plenário (voto do Ministro Relator), o TCU se pronunciou:

> Projeto básico é a peça fundamental para a demonstração da viabilidade e conveniência da contratação. Por meio do projeto básico é que a administração discrimina o objeto pretendido, os resultados esperados, tempo e forma de execução. Conforme preleciona Marçal Justen Filho, mesmo nas contratações diretas, é exigido "um procedimento prévio, em que a observância de etapas e formalidades é imprescindível (...). Nas etapas internas iniciais, a atividade administrativa será idêntica, seja ou não a futura contratação antecedida de licitação". Faz todo sentido, até mesmo porque os procedimentos licitatórios devem ter sempre o mesmo início. Identifica-se a necessidade, motiva-se a contratação, para, então, partir-se para a verificação da melhor forma de sua prestação. Ou seja, a decisão pela contratação direta, por inexigibilidade ou dispensa, é posterior a toda uma etapa preparatória que deve ser a mesma para qualquer caso. A impossibilidade ou a identificação da possibilidade da contratação direta, como a melhor opção para a administração, só surge após a etapa inicial de estudos. Como a regra geral é a licitação, a sua dispensa ou inexigibilidade configuram exceções. Como tal, portanto, não podem ser adotadas antes das pesquisas e estudos que permitam chegar a essa conclusão.

Vale ressaltar que o art. 9º, inc. I, da Lei nº 8.666/93, em respeito aos princípios da moralidade, isonomia e impessoalidade, veda expressamente a participação do autor do projeto básico na licitação ou na execução de obra ou serviço, seja de forma direta ou indireta, bem como do fornecimento de bens necessários para a consecução daqueles, permitindo-lhe, apenas, a participação no referido procedimento licitatório ou na execução da obra ou serviço, na condição de consultor ou técnico, desempenhando as funções de fiscalização, supervisão ou gerenciamento, exclusivamente a serviço da Administração.

Tal ressalva está explicitada no §1º, do mesmo art. 9º, da Lei nº 8.666/93:

> §1º É permitida a participação do autor do projeto ou da empresa a que se refere o inciso II deste artigo, na licitação de obra ou serviço, ou na execução, como consultor ou técnico, nas funções de fiscalização, supervisão ou gerenciamento, exclusivamente a serviço da Administração interessada.

16) O que é o princípio da economicidade? Ele está previsto na Constituição Federal?

Segundo Bugarin (2004), o princípio da economicidade é a busca permanente pelos agentes públicos da melhor alocação possível dos escassos recursos públicos para solucionar ou mitigar os problemas sociais existentes.

Prevê o art. 70 da Constituição Federal:

> Art. 70. A fiscalização contábil, financeira, orçamentária, operacional e patrimonial da União e das entidades da administração direta e indireta, quanto à legalidade, legitimidade, economicidade, aplicação das subvenções e renúncia de receitas, será exercida pelo Congresso Nacional, mediante controle externo, e pelo sistema de controle interno de cada Poder.

17) Como o princípio da economicidade deve ser respeitado num edital de licitação?

Como expressamente previsto no art. 70 da Constituição Federal, a fiscalização contábil, financeira, orçamentária, operacional e patrimonial da União e das entidades da Administração direta e indireta, quanto à legalidade, legitimidade e economicidade é cogente.

No que pertine ao princípio da economicidade, o que quer a Administração Pública é alcançar os resultados esperados com o menor custo possível, ou seja, alcançar o *menor preço* na contratação de prestação de serviços ou aquisição de bens *sem lançar mão da qualidade deles*. E, para que isso ocorra, algumas exigências devem ser atendidas, oportunamente na fase que precede a contratação, ou seja, na licitação. Entre as exigências a serem contempladas em editais de licitação visando alcançar a qualidade e o menor preço, está a perfeita qualificação/especificação e a atualização do preço de referência dos bens ou serviços a serem contratados.

Assim foi entendimento do TCU em seus Acórdãos nºs 845/2005, proferido pela Segunda Câmara, 2.014/2007 e 648/2007, proferidos pelo Plenário:

> Providencie, nas licitações na modalidade pregão, orçamento atualizado e detalhado que possa subsidiar o preço de referência e assegurar, desta forma, o princípio da economicidade, nos termos do art. 8º, inciso II, do Decreto nº 3.555/2000. (Acórdão nº 845/2005 – Segunda Câmara)
>
> É imprescindível a fixação, no edital, dos critérios de aceitabilidade de preços unitários e globais, em face do disposto no art. 40, inciso X, c/c o art. 43, inciso IV, da Lei nº 8.666/1993.
>
> Não é possível licitar obras e serviços sem que o respectivo orçamento detalhado, elaborado pela Administração, esteja expressando, com razoável precisão quanto aos valores de mercado, a composição de todos os seus custos unitários, nos termos do art. 7º, §2º, inciso II, da Lei nº 8.666/1993, tendo-se presente que essa peça é fundamental para a contratação pelo preço justo e vantajoso, na forma exigida pelo art. 3º da citada lei. (Acórdão nº 2.014/2007 – Plenário – Sumário)
>
> Nenhum órgão ou entidade pública comprará sem a adequada caracterização de seu objeto, devendo observar-se, para sua realização, a especificação completa e a definição da quantidade e preço do bem a ser adquirido. (Acórdão nº 648/2007 – Plenário – Sumário)

REFERÊNCIAS

BANDEIRA DE MELLO, Celso Antônio. *Curso de direito administrativo*. 30. ed. São Paulo: Malheiros, 2012.

BATISTA JÚNIOR, Onofre Alves. *Princípio Constitucional da eficiência administrativa*. Belo Horizonte: Fórum, 2012.

BRASIL. Acordão nº 324, de 04 de março de 2009. Auditoria. Área de Licitações e Contratos e Controle da Arrecadação. Fracionamento de Despesas com Consequente Fuga à Licitação. Relator: Conselheiro Manoel Pires dos Santos. *Diário Oficial*, Brasília, DF, 9 mar. 2009. Disponível em: <http://www.lexml.gov.br/urn/urn:lex:br:tribunal.contas.uniao;plenario:acordao:2009-03-04;324>. Acesso em: 10 set. 2014.

BRASIL. Acordão nº 845, de 24 de maio de 2005. Tomada de Contas. Exercício de 2002. Relator: Ministro Lincoln Magalhães da Rocha. *Diário Oficial*, Brasília, DF, 1 jul. 2005.

Disponível em: <http://www.lexml.gov.br/urn/urn:lex:br:tribunal.contas.uniao;camara.2:acordao:2005-05-24;845>. Acesso em: 10 set. 2014.

BRASIL. Acordão nº 994, de 21 de junho de 2006. Representação. Contratação direta com fundamento no art. 24, inciso XIII, da lei nº 8.666/93. Irregularidade. Conhecimento. Procedência. Multa. Determinações. Relator: Ministro Ubiratan Aguiar. *Diário Oficial*, Brasília, DF, 26 jun. 2006. Disponível em: <http://www.lexml.gov.br/urn/urn:lex:br:tribunal.contas.uniao;plenario:acordao:2006-06-21;994>. Acesso em: 10 set. 2014.

BRASIL. *Constituição (1988)*. Constituição da República Federativa do Brasil. Brasília, DF: Senado, 1988. Disponível em: <http://www.planalto.gov.br/ccivil_03/constituicao/constituicao.htm>. Acesso em: 10 ago. 2014.

BRASIL. Decisão nº 347, de 1 de junho de 1994. Consulta formulada pelo Ministério dos Transportes sobre a caracterização genérica dos casos de emergência ou de calamidade pública, para que se proceda à dispensa de licitação. Conhecimento. *Diário Oficial*, Brasília, DF, 21 jul. 1994.

BRASIL. Decisão nº 648/2007. *Diário Oficial da União*, 23. abr. 2007. Disponível em: <https://contas.tcu.gov.br/portaltextual/MostraDocumento?doc=4&p=0&lnk=(010.997/2004-4%20OU%20TC010.997/2004-4%20OU%20TC-010.997/2004-4%20OU%2010.997/04-4%20OU%20TC010.997/04-4%20OU%20TC-010.997/04-4)%5BB001,B002,B012,B013%5D&templ=default>. Acesso em: 3 nov. 2014.

BRASIL. Decisão nº 811, de 04 de dezembro de 1996. Denúncia formulada por parlamentar contra a Secretaria de Estado da Educação do Amazonas. Conversão em TCE. Determinação. *Diário Oficial da União*, Brasília, DF, 16 jan. 1997.

BRASIL. Decreto nº 7.892, de 23 de janeiro de 2013. Regulamenta o Sistema de Registro de Preços previsto no art. 15 da Lei nº 8.666, de 21 de junho de 1993. *Diário Oficial*, Brasília, DF, 24 jan. 2013. Disponível em: <www.planalto.gov.br/ccivil_03/_ato2011-2014/.../Decreto/D7892.htm>. Acesso em: 10 set. 2014.

BRASIL. Lei nº 10.520, de 17 de julho de 2002. Institui, no âmbito da União, Estados, Distrito Federal e Municípios, nos termos do art. 37, inciso XXI, da Constituição Federal, modalidade de licitação denominada pregão [...]. *Diário Oficial da República Federativa do Brasil*. Brasília, DF, 18 jul. 2002. Disponível em: <www.planalto.gov.br/ccivil_03/leis/2002/l10520.htm>. Acesso em: 10 set. 2014.

BRASIL. Lei nº 11.107, de 06 de abril de 2005. Dispõe sobre normas gerais de contratação de consórcios públicos e dá outras providencias. *Diário Oficial da República Federativa do Brasil*. Brasília, DF, 06 abr. 2005. Disponível em: <www.planalto.gov.br/ccivil_03/_ato2004-2006/2005/lei/l11107.htm>. Acesso em: 10 set. 2014.

BRASIL. Lei nº 12.349, de 15 de dezembro de 2010. Altera as Leis nºs 8.666, de 21 de junho de 1993, 8.958, de 20 de dezembro de 1994, e 10.973, de 2 de dezembro de 2004; e revoga o §1º do art. 2º da Lei nº 11.273, de 6 de fevereiro de 2006. *Diário Oficial*, Brasília, DF, 16 dez. 2010. Disponível em: <www.planalto.gov.br/ccivil_03/_Ato2007-2010/.../Lei/L12349.htmm>. Acesso em: 10 set. 2014.

BRASIL. Lei nº 12.462, de 4 de agosto de 2011. Institui o Regime Diferenciado de Contratações Públicas – RDC. *Diário Oficial*, Brasília, DF, 05 ago. 2011, edição extra. Disponível em: <www.planalto.gov.br/ccivil_03/_ato2011-2014/.../Lei/L12462.htm>. Acesso em: 10 set. 2014.

BRASIL. Lei nº 123, de 14 de dezembro de 2006. Institui o Estatuto Nacional da Microempresa e da Empresa de Pequeno Porte. *Diário Oficial*, Brasília, DF, 15 dez. 2006. Disponível em: <www.planalto.gov.br/ccivil_03/leis/lcp/lcp123.htm>. Acesso em: 10 set. 2014.

BRASIL. Lei nº 8.666, de 21 de junho de 1993. Regulamenta o art. 37, inciso XXI, da Constituição Federal, institui normas para licitações e contratos da Administração Pública e dá outras providências. *Diário Oficial da República Federativa do Brasil*. Brasília, DF, 06 jul. 1994. Disponível em: <http://www.planalto.gov.br/ccivil_03/leis/l8666cons.htm>. Acesso em: 10 set. 2014.

BRASIL. Lei nº 9.648, de 27 de maio de 1998. Altera dispositivos das Leis nº 3.890-A, de 25 de abril de 1961, nº 8.666, de 21 de junho de 1993, nº 8.987, de 13 de fevereiro de 1995, nº 9.074, de 7 de julho de 1995, nº 9.427, de 26 de dezembro de 1996, e autoriza o Poder Executivo a promover a reestruturação da Centrais Elétricas Brasileiras – ELETROBRÁS e de suas subsidiárias e dá outras providências. *Diário Oficial*, Brasília, DF, 28 maio 1998. Disponível em: <www.planalto.gov.br/ccivil_03/leis/l9648cons.htm>. Acesso em: 10 set. 2014.

BRASIL. Lei nº 9.933, de 20 de dezembro de 1999. Dispõe sobre as competências do Conmetro e do Inmetro, institui a Taxa de Serviços Metrológicos, e dá outras providências. *Diário Oficial da República Federativa do Brasil*. Brasília, DF, 20 dez. 1999. Disponível em: <www.planalto.gov.br/ccivil_03/leis/L9933.htm>. Acesso em: 11 out. 2014.

BRASIL. Ministério do Planejamento, Orçamento e Gestão. *Instrução Normativa nº 01, de 19 de janeiro de 2010*. Dispõe sobre os critérios de sustentabilidade ambiental na aquisição de bens, contratação de serviços ou obras [...]. Brasília, 2010.

BRASIL. Tribunal de Contas da União. Relator: Ministro Augusto Sherman Cavalcanti. Acórdão, 04 ago. 2004. Da Decisão 351/2002 - Plenário e do Acórdão 479/2004 - Plenário. Acórdão nº 1617/2010 (BRASIL, TCU, AC-1094-28/04-P, Sessão: 04.08.2004, Relator: Ministro Augusto Sherman Cavalcanti, 2004). Acesso em: 13 out. 2014.

BRASIL. Tribunal de Contas da União. *Súmula nº 177, de 26 de outubro de 1982*. Disponível em: <https://contas.tcu.gov.br/juris/SvlHighLight?key=SUMULA-%5C%5C_Sarq_prod%5CUnidades%5CSGS%5CPublico%5CIntranet%5CAcordaosJulgados%5CSumulas%5CSumula-177-de-26-10-1982.doc&texto=2a2533412a&sort=COPIATITULO&ordem=DESC&bases=SUMULA;&highlight=&posicaoDocumento=100&numDocumento=108&totalDocumentos=284>. Acesso em: 13 out. 2014.

BRASIL. Tribunal de Justiça do Estado de Sergipe. *Instrução Normativa nº 01, de 13 de abr. de 2012*. Disponível em: <http://www.tjse.jus.br/tjnet/publicacoes/instrucao/visualizar_instrucao.wsp?tmp.codig...>. Acesso em: 13 out. 2014.

BUGARIN, Paulo Soares. *Princípio Constitucional da Economia na Jurisprudência*. Belo Horizonte: Fórum, 2004.

CAMMAROSANO, Márcio. *O Princípio Constitucional da moralidade e o exercício da função administrativa*. Belo Horizonte: Fórum, 2006.

CARVALHO FILHO, José dos Santos. *Manual de Direito Administrativo*. 13. ed. Rio de Janeiro: Lumen Juris, 2010.

COELHO MOTTA, Carlos Pinto. *Eficácia nas licitações e contratos*. 11. ed. rev. e atual. Belo Horizonte: Del Rey, 2008.

DI PIETRO, Maria Sylvia Zanella. *Direito Administrativo*. 24. ed. São Paulo: Atlas, 2011.

DOMAKOSKI, Amauri et al. Pregão eletrônico: instrumento de gestão das administrações públicas. Controle: doutrina e artigos, Ceará, v. IX, n. 2, jul-dez, 2011.

ENTERRÍA, Eduardo García. Problemas del derecho público al comienzo de siglo. Madrid: Civitas, 2001.

FERNANDES, Jorge Ulisses Jacoby. Sistema de registro de preços e pregão presencial e eletrônico. 2. ed. rev. e ampl. Belo Horizonte: Fórum, 2007.

FERNANDES, Ricardo V. C.; ALVES, Tatiana Munis S. (Coord.). Licitações, contatos e convênios administrativos: desafios e perspectivas aos 20 anos da Lei nº 8.666/1993. Belo Horizonte: Fórum, 2013.

FERREIRA, Aurélio Buarque de Holanda. Novo dicionário Aurélio da Língua Portuguesa. 4. ed. Curitiba: Positivo, 2009.

FORTINI, Cristiana; PEREIRA, Maria Fernanda Pires de Carvalho; CAMARÃO, Tatiana Martins da Costa. Licitações e contratos: aspectos relevantes. Belo Horizonte: Fórum, 2007.

GASPARINI, Diógenes. Validade das contratações em condições diversas do edital e da proposta. Jus navigandi, Teresina, ano 4, n. 28, 1 fev. 1999. Disponível em: <http://jus.com.br/artigos/437>. Acesso em: 26 out. 2014.

GUIMARÃES, Marcelo; MADEIRA, Jansen Amadeu do Carmo; MADEIRA, José Maria Pinheiro. Casos concretos de direito administrativo. Rio de Janeiro: Elsevier, 2009.

HACK, Érico. Noções preliminares do direito administrativo e direito tributário. 2. ed. Curitiba: Ibpex, 2008.

JUSTEN FILHO, Marçal. Comentários à Lei de Licitações e Contratos Administrativos. 12. ed. São Paulo: Dialética, 2010.

MEIRELLES, Hely Lopes. Direito Administrativo Brasileiro. São Paulo: Malheiros, 2003.

MOTTA, Carlos Pinto Coelho. Divulgação institucional e contratação de serviços de publicidade: legislação comentada. Belo Horizonte: Fórum, 2010.

MOTTA, Fabrício. Sanções. In: GASPARINI, Diógenes (Coord.). Pregão presencial e eletrônico. 1. ed. Belo Horizonte: Fórum, 2007.

MUKAI, Toshio. Licitações e contratos públicos. 8. ed. rev. atual. São Paulo: Saraiva, 2009.

NIEBUHR, Joel de Menezes. Pregão presencial e eletrônico. Curitiba: Zênite, 2004.

PARANÁ. Instituto de Terras Cartografia e Geociências. Termo de Referência orientações para a redação. Curitiba, 2007. Disponível em: <http://www.itcg.pr.gov.br/modules/conteudo/conteudo.php?conteudo=39>. Acesso em: 6 jan. 2014.

PROCEL. Centrais Elétricas Brasileiras S.A. Apresenta textos sobre o Programa Nacional de Conservação de Energia Elétrica – Procel.

RIGOLIN, Ivan Barbosa. Direito Administrativo: temas polêmicos. Belo Horizonte: Fórum, 2010.

SANTANA, Jair Eduardo; CAMARÃO, Tatiana; CHRISPIM, Anna Carla Duarte. Termo de Referência: o impacto da especificação do objeto e do termo de referência na eficácia das licitações e contratos. 3. ed. Belo Horizonte: Fórum, 2013.

SANTANA, Jair Eduardo; GUIMARÃES, Edgar. Licitações e o novo estatuto da pequena e microempresa: reflexos práticos da LC nº 123/06. 2. ed. atual. e ampl. Belo Horizonte: Fórum, 2009.

TRIBUNAL DE CONTAS DA UNIÃO. *Licitações e Contratos*: Orientações e jurisprudência do TCU. 4. ed. ver., atual. e ampl. Brasília: Secretaria-Geral da Presidência: Senado Federal, Secretaria Especial de Editoração e Publicações, 2010.

CAPÍTULO 3

PROCESSO DE PLANEJAMENTO, EXECUÇÃO ORÇAMENTÁRIA E ELABORAÇÃO DAS DEMONSTRAÇÕES FINANCEIRAS

VALMIR LEÔNCIO DA SILVA

1 INTRODUÇÃO AO TEMA

O ensino das finanças públicas no Brasil, normalmente, é limitado às questões orçamentárias e fiscais. Nos cursos de Ciências Contábeis, em que se poderia ter um aprofundamento maior na parte contábil, ficamos apenas na parte introdutória – além de a carga horária ser insuficiente para um maior aprofundamento, temos carência de profissionais habilitados para ministrarem cursos na área pública, devido à falta de incentivo para dedicação exclusiva nessa área. Dessa forma, fica a contabilidade aplicada ao setor público, ou contabilidade governamental, como alguns preferem chamar, limitada a um breve resumo de contas e de lançamentos, com o objetivo final de, apenas, por força de lei, apresentar ao cidadão a prestação de contas dos governantes, por força de dispositivos legais e constitucionais.

Com a entrada em vigor da Lei de Responsabilidade Fiscal, LC nº 101/00, em 2000, e as novas normas de contabilidade aplicada ao setor público, em 2008, os administradores públicos estão se vendo obrigados a administrar profissionalmente o dinheiro público, sob pena de severa punição. A população sabe disso?

Nós, contadores, ou como prefiro chamar, cientistas da contabilidade, temos que nos expor, sujeitando-nos a maiores riscos sem medo de errar, precisamos conhecer o funcionamento da Administração Pública, discutir a elaboração dos instrumentos de planejamento público e participar ativamente dela, e, principalmente, de sua execução, incluindo todos os aspectos orçamentários e financeiros que envolvem a aquisição ou prestação de serviços e orientação aos gestores públicos sobre a legislação vigente e sobre as boas práticas a serem utilizadas na Administração Pública.

O cientista da contabilidade deve estar à frente da prestação de contas junto aos órgãos fiscalizadores, Tribunais de Contas e órgãos de controle interno, além, é claro, de cuidar de toda a parte contábil e de prestação de contas à sociedade, de *forma simples e clara*, para que o cidadão possa cada vez mais entender esse "mundo" que é a contabilidade aplicada ao setor público.

Noções gerais sobre Administração Pública deveriam começar já nos primeiros anos de estudo de uma criança, pois só assim formaríamos cidadãos capazes de entender, analisar, criticar e sugerir novas formas de melhor administrar os recursos públicos.

2 DA CONTABILIDADE PÚBLICA

Antes de falarmos sobre o processo de planejamento, precisamos comentar a respeito da contabilidade pública, ciência da qual a Administração Pública se utilizará para demonstrar, ao final de todo processo orçamentário, todos os fatos ocorridos naquele período.

Contabilidade pública (ou governamental, como vem sendo chamada) é ramo da contabilidade geral aplicada à Administração Pública, em seus três níveis de Governo e nas entidades autárquicas e paraestatais, dentro de normas gerais estabelecidas pelo direito financeiro, estatuído pela Lei nº 4.320, de 17.3.1964.

O campo de aplicação da contabilidade pública será, portanto, o orçamento dessas entidades públicas e seus respectivos patrimônios, visando a seu controle, e balanços da União, estados, municípios e Distrito Federal.[29]

E ainda, conforme dispõe o art. 83, da Lei nº 4.320/64, a contabilidade evidenciará, perante a Fazenda Pública, a situação de todos quantos, de qualquer modo, arrecadem receitas, efetuem despesas, administrem ou guardem bens a ela pertencentes ou confiados.

---

[29] Art. 1º da Lei nº 4.320/64.

2.1 Objetivo

Os serviços de contabilidade são organizados de modo a permitir o acompanhamento da execução orçamentária, o conhecimento da composição patrimonial, a determinação dos custos dos serviços industriais, o levantamento dos balanços gerais, a análise e a interpretação dos resultados econômicos e financeiros.

Dessa forma, a contabilidade deverá evidenciar os fatos ligados à administração orçamentária, financeira, patrimonial e industrial.

3 PLANEJAMENTO PÚBLICO

O governo tem como incumbência principal o bem-estar da coletividade. Mas como realizar isso, de que forma levantar dinheiro para executar as obras de benfeitorias, manutenção dos serviços de saúde, educação ou de lazer, tão necessárias ao cidadão? Para realizar essas e outras ações o governo, seja ele municipal ou estadual, seja ele federal necessita de recursos. E de onde vêm esses recursos? Esses recursos, como todos sabem, vêm da arrecadação de impostos, multas, taxas e outros, que são provenientes da população.

Não iremos entrar no mérito sobre os impostos que pagamos; o que pretendemos, neste item, é discutir como deverão ser planejados os gastos desses recursos arrecadados.

O planejamento dos valores a serem gastos pela Administração Pública é feito para um período de curto prazo, 4 anos, etapa em que são traçadas as ações a serem desenvolvidas. Já em países desenvolvidos esse planejamento é feito para um período maior, de 10 a 15 anos no mínimo.

No Brasil, o sistema utilizado é o Processo de Planejamento-Orçamento, em atendimento a mandamento constitucional (art. 165 da CF), que, em outras palavras, é um Sistema de Planejamento Integrado, consubstanciando-se nos seguintes instrumentos:
– Plano Plurianual;
– Lei de Diretrizes Orçamentárias;
– Lei de Orçamento Anuais;
– Lei complementar nº 101, de 4.5.2000, conhecida como Lei de Responsabilidade Fiscal, que estabelece normas de finanças públicas, voltada para a gestão fiscal e estabelece, no §1º do art. 1º:

§1º A responsabilidade na gestão fiscal pressupõe a ação planejada e transparente, em que se previnem riscos e corrigem desvios capazes de afetar o equilíbrio das contas públicas, mediante o cumprimento de metas de resultados entre receitas e despesas e a obediência a limites e condições no que tange a renúncia de receita, geração de despesas com pessoal, da seguridade social e outras, dívidas consolidada e mobiliária, operações de crédito, inclusive por antecipação de receita, concessão de garantia e inscrição em Restos a Pagar.

Conforme podemos observar, é mandatório que os governos se utilizem de ação planejada e transparente na gestão fiscal, o que é obtido por meio do Sistema de Planejamento Integrado.

3.1 Plano plurianual - PPA

3.1.1 Conceito

O Plano Plurianual, ou PPA, é o plano de médio prazo utilizado pela Administração Pública, que deverá levá-la ao atingimento dos objetivos e das metas traçadas previamente. O Plano Plurianual, assim como os demais planos que iremos comentar, deve ser utilizado em todos os níveis de Governo.

O Plano Plurianual está previsto na Constituição Federal, e seu objetivo é ser utilizado como instrumento orçamentário destinado a estabelecer as diretrizes, objetivos e metas da Administração Pública dos entes federados para:

a) As despesas de capital (investimentos), aquelas que aumentam o patrimônio público (equipamentos, obras) ou diminuem a dívida de longo prazo (amortização do principal). Classificam-se como despesas de capital as dotações que contribuem para formação de um bem de capital, para adicionar valor a um bem já existente, ou para transferir a propriedade de bens ou direitos para o setor público. Exemplo: aquisição de máquinas e equipamentos, realização de obras, aquisição de participações acionárias, concessão de empréstimos e gastos com a amortização da dívida.

b) Os novos programas de duração continuada. Exemplo: criação de programas sociais visando à promoção da alimentação a baixo custo. Os programas de duração continuada são aqueles que resultem em serviços prestados à comunidade, excluídas as ações de manutenção administrativa. No orçamento-programa, adquirem a forma de atividade governamental. Exemplo: ações preventivas de saúde, serviços de saneamento básico, atividades de pesquisa aplicada etc.

A pergunta básica que se deve fazer é: O que será feito, a mais, na Administração, além de manter aquilo que já funciona nesses 4 exercícios? Plano Plurianual deve significar um planejamento para expansão ou para aprimoramento da ação governamental: dele não devem constar atividades que já vêm sendo realizadas pelo ente ou operações dos serviços já instalados.

3.1.2 Quando elaborar

De acordo com a Constituição Federal, o projeto do Plano Plurianual deve ser elaborado pelo Executivo e enviado ao Legislativo, até 4 meses antes do encerramento do primeiro exercício financeiro e deve ser devolvido para sanção do chefe do Executivo até o encerramento da sessão legislativa. Sua vigência será até o final do primeiro ano de mandato presidencial subsequente.

A título de exemplo, apresentamos a seguinte situação:

Mandato do Presidente	2015 a 2018
Envio do projeto do Plano Plurianual	até 31.8.2015
Devolução para sanção	até 15.12.2015
Vigência do Plano Plurianual	2016 a 2019

Observação: os prazos para elaboração do PPA, LDO e LOA informados estão de acordo com a Constituição Federal, no entanto, cada município deve obedecer aos prazos previstos em suas respectivas leis orgânicas.

Conforme se observa, no primeiro ano de mandato do governante, está em plena vigência o Plano Plurianual enviado pelo governo anterior. Essa foi a forma que o legislador encontrou para dar continuidade aos investimentos no setor público, uma vez que o Plano Plurianual representa o planejamento de longo prazo do governo.

Analisando a LRF, verificamos ter sido vetado o seu art. 3º, aquele que disciplina o plano, permanecendo válidos todos os dispositivos vigentes sobre a matéria, em especial aqueles previstos na Constituição Federal, em seu art. 165, transcrito a seguir:

> Art. 165 - Leis de iniciativa do Poder Executivo estabelecerão:
> I - o plano plurianual; [...]

§1º A Lei que instituir o plano plurianual estabelecerá, de forma regionalizada, as *diretrizes, objetivos e metas* da administração pública federal para as despesas de capital e outras delas decorrentes e para as relativas aos programas de duração continuada. [...] (Grifos nossos)

Para melhor entendimento, apresentamos conceitos e exemplos, como seguem:

a) diretrizes – linhas gerais de ação estipuladas em consonância com as políticas definidas, tendo em vista o atingimento dos macro-objetivos relacionados à materialização de tais políticas. As diretrizes balizam o caminho a ser percorrido em determinado período de tempo, buscando atingir os resultados mais expressivos visados pela ação governamental. Exemplo: melhorar a educação e a rede de iluminação pública do município.

b) objetivos – resultados concretos que se pretende obter e manter por intermédio de certo empreendimento considerado globalmente e não apenas em relação à parte que será executada em determinado ano. Exemplo: ampliar a rede de energia elétrica, construir novas escolas etc.

c) metas – representam o desdobramento do objetivo em termos quantitativos dentro de determinado período de tempo. Exemplo: ampliar em 20% a rede de energia elétrica, até o ano de 2007; construir em quatro anos 12 escolas municipais etc.

Diz ainda o texto constitucional sobre o assunto:

§4º Os planos e programas nacionais, regionais e setoriais previstos nesta Constituição serão elaborados em consonância com o plano plurianual e apreciados pelo Congresso Nacional.
Art. 167 - São vedados:
IX – [...]
§1º *Nenhum investimento* cuja execução ultrapasse um exercício financeiro poderá ser iniciado sem prévia inclusão no plano plurianual, ou sem Lei que autorize a inclusão, sob pena de crime de responsabilidade. (Grifos nossos)

De acordo com a Lei nº 4.320/64:

classificam-se como *investimentos* as dotações para o planejamento e a execução de obras, inclusive as destinadas à aquisição de imóveis considerados necessários à execução destas últimas, bem como para os programas especiais de trabalho, aquisição de instalações, equipamentos e material permanente e constituição ou aumento de capital de empresas que não sejam de caráter comercial ou financeiro.

3.1.3 Os indicadores

Note-se que, a respeito do PPA, segundo a Portaria nº 42, de 14.4.1999, do Ministério de Estado do Orçamento e Gestão, programa é "o instrumento de organização da ação governamental visando à concretização dos objetivos pretendidos, sendo *mensurado por indicadores estabelecidos no plano plurianual*" (grifos nossos), conceito esse aplicado aos municípios a partir do exercício de 2002, nos termos do art. 6º da mesma portaria. Também pode ser definido como nível técnico de estruturação do planejamento no qual são agregadas, sob um título próprio, as ações e meios que serão mobilizados na consecução de determinadas políticas ou propósitos gerais de um Governo.

A Prefeitura de São Paulo, por meio da Lei nº 13.257, de 28.12.2001, aprovou o Plano Plurianual do período 2002/2005 e estabeleceu os referidos indicadores. Para elucidar o assunto, transcrevemos os dados de um programa de Governo que agora contemplam objetivo e meta.

Programa 1: Educação de crianças e adolescentes de 7 a 14 anos

Objetivo: atendimento à demanda de crianças e adolescentes de 7 a 14 anos, por meio de construção e reforma de escolas municipais de ensino fundamental, garantindo a formação permanente de seus profissionais, sua manutenção, seus equipamentos, inclusive na área de informática, materiais permanentes e de consumo, assim como projetos pertinentes à ação educativa, à qualidade e à gestão.

Valores propostos para o programa no período de 2016 a 2019:

	2016	2017	2018	2019	Total
Recursos	36,1	40,0	59,0	59,4	194,5

Ação: Construção, reforma e ampliação de escolas de ensino fundamental.

Meta: Expansão de 36 mil vagas no ensino fundamental.

Indicador: Aluno atendido.

Para completar o assunto, a Lei de Responsabilidade Fiscal determina, em seu art. 4º, que a Lei de Diretrizes Orçamentárias disporá também sobre "normas relativas ao *controle de custos* e à *avaliação dos resultados dos programas* financiados com recursos dos orçamentos" (grifos nossos).

3.2 Lei de Diretrizes Orçamentárias – LDO

3.2.1 Conceito

É uma lei instituída pela Constituição Federal de 1988, de periodicidade anual, que disciplina a elaboração da lei orçamentária para o exercício financeiro subsequente, e tem como finalidade nortear a elaboração dos orçamentos anuais, compreendidos aqui, o orçamento fiscal. O orçamento de investimento das empresas e o orçamento da seguridade social, de forma a adequá-los às diretrizes, objetivos e metas da Administração Pública, estabelecidas no Plano Plurianual.

A Constituição Federal dispõe, em seu art. 165, §2º:

> A Lei de diretrizes orçamentárias compreenderá as metas e prioridades da administração pública federal, incluindo as despesas de capital para o exercício financeiro subseqüente, orientará a elaboração da Lei orçamentária anual, disporá sobre as alterações na legislação tributária e estabelecerá a política de aplicação das agências financeiras oficiais de fomento.

A LRF incumbiu à LDO dispor sobre o equilíbrio entre receitas e despesas e trouxe grandes inovações quanto a sua elaboração, criando instrumentos de controle e acompanhamento, como o Anexo de Metas Fiscais, o Anexo de Riscos Fiscais, a figura da limitação de empenho, agora obrigatória, bem como o estabelecimento de normas relativas ao controle de custos e à avaliação dos resultados dos programas financiados com recursos dos orçamentos, os quais iremos comentar a seguir.

A Lei de Responsabilidade Fiscal dispõe que a LDO, além de atender ao disposto no §2º do art. 165, da Constituição Federal, deverá dispor também sobre:

> a) equilíbrio entre receitas e despesas;
>
> b) critérios e forma de limitação de empenho, a ser efetivada nas hipóteses previstas na alínea b do inciso II deste artigo, no art. 9º e no inciso II do §1º do art. 31;
>
> c) normas relativas ao controle de custos e à avaliação dos resultados dos programas financiados com recursos dos orçamentos;
>
> d) demais condições e exigências para transferências de recursos a entidades públicas e privadas;
>
> e) integrará o projeto de Lei de diretrizes orçamentárias Anexo de Metas Fiscais, em que serão estabelecidas metas anuais, em valores correntes e constantes, relativas a receitas, despesas, resultados nominal e primário

e montante da dívida pública, para o exercício a que se referirem e para os dois seguintes. E este anexo conterá ainda:

I - avaliação do cumprimento das metas relativas ao ano anterior;

II - demonstrativo das metas anuais, instruído com memória e metodologia de cálculo que justifiquem os resultados pretendidos, comparando-as com as fixadas nos três exercícios anteriores, e evidenciando a consistência delas com as premissas e os objetivos da política econômica nacional;

III - evolução do patrimônio líquido, também nos últimos três exercícios, destacando a origem e a aplicação dos recursos obtidos com a alienação de ativos;

IV - avaliação da situação financeira e atuarial:

a) dos regimes geral de previdência social e próprio dos servidores públicos e do Fundo de Amparo ao Trabalhador;

b) dos demais fundos públicos e programas estatais de natureza atuarial;

V - demonstrativo da estimativa e compensação da renúncia de receita e da margem de expansão das despesas obrigatórias de caráter continuado.

O objetivo do Anexo de Metas Fiscais é estabelecer as metas anuais, em valores correntes e constantes, relativas a receitas, despesas, resultados nominal e primário e montante da dívida pública, para o exercício a que se referir a proposta, bem como para os dois subsequentes.

Segundo a Lei de Responsabilidade Fiscal, a Lei de Diretrizes Orçamentárias deverá conter Anexo de Riscos Fiscais, no qual serão avaliados os passivos contingentes e outros riscos capazes de afetar as contas públicas, informando as providências a serem tomadas, caso se concretizem.

O objetivo do Anexo de Riscos Fiscais é fazer com que se constitua uma provisão para as despesas eventuais e incertas que poderão aparecer ao longo do exercício financeiro. Citamos como exemplo as despesas com ações judiciais em trânsito conhecidas pela Administração Pública.

A mensagem que encaminhar o projeto da União apresentará, em anexo específico, os objetivos das políticas monetária, creditícia e cambial, bem como os parâmetros e as projeções para seus principais agregados e variáveis e, ainda, as metas de inflação, para o exercício subsequente.

Por último, até a data do envio do Projeto de Lei de Diretrizes Orçamentárias, o Poder Executivo encaminhará ao Legislativo relatório com as informações necessárias sobre o adequado atendimento dos projetos em andamento, contempladas as despesas de conservação do patrimônio público, nos termos em que dispuser a Lei de Diretrizes

Orçamentárias. Isso é condição para que a lei orçamentária e as de crédito adicionais só incluam novos projetos após adequadamente atendidos os em andamento.[30]

3.2.2 Anexo de Riscos Fiscais

A LDO conterá Anexo de Riscos Fiscais em que serão avaliados os passivos contingentes e outros riscos capazes de afetar as contas públicas.

Essas novas disposições impostas pela LRF serão comentadas no próximo capítulo, que trata das inovações da Lei de Responsabilidade Fiscal e Lei de Crimes Ficais.

3.2.3 Quando elaborar

De acordo com a Constituição Federal, o Projeto de Lei de Diretrizes Orçamentárias deve ser elaborado pelo Poder Executivo e encaminhado ao Legislativo no prazo a seguir descrito:

Envio do projeto de LDO	até 15.04 (até oito meses e meio antes do encerramento do exercício financeiro)
Devolução para sanção	até 30.06 (primeiro período da sessão legislativa)

3.3 Lei Orçamentária Anual – LOA

3.3.1 Conceito

Todas as metas de médio prazo, conforme visto, para as despesas de capital e para as novas despesas, que foram previstas no Plano Plurianual e que fizeram parte em seguida da Lei de Diretrizes Orçamentárias, poderão agora, finalmente, se transformar em realidade após sua inclusão na Lei Orçamentária, pois lá serão programadas as ações a serem executadas, visando a alcançar os objetivos determinados.

A Lei Orçamentária Anual ou LOA, como também é chamada, é um outro instrumento de planejamento público, por meio do qual são previstas as receitas e fixadas as despesas, de acordo com as regras previstas na Lei de Diretrizes Orçamentárias e no Plano Plurianual.

---

[30] Art. 45 e parágrafo único da Lei de Responsabilidade Fiscal.

Da premissa de que o orçamento é uma lei, surgiram locuções sinônimas: Lei Orçamentária, Lei Anual, Lei de Meios etc.

A Lei Orçamentária é uma lei que contempla em seu "bojo" todo o programa de trabalho do Poder Executivo, o quanto ele pretende arrecadar, e como serão aplicados esses valores. Podemos, assim, afirmar que orçamento público é um planejamento dos recursos esperados, em programas de custeios, investimentos, inversões e transferências durante um período financeiro (01.01 a 31.12).

3.3.2 Da proposta orçamentária

A Lei Orçamentária Anual – LOA deve abranger o orçamento fiscal, o orçamento de investimentos das empresas e o da seguridade social, conforme as disposições contidas no art. 165, §5º da Constituição Federal, *in verbis*:

> §5º A Lei orçamentária anual compreenderá:
> I - o orçamento fiscal referente aos Poderes da União, seus fundos, órgãos e entidades da administração direta e indireta, inclusive fundações instituídas e mantidas pelo Poder Público;
> II - o orçamento de investimento das empresas em que a União, direta ou indiretamente, detenha a maioria do capital social com direito a voto;
> III - o orçamento da seguridade social, abrangendo todas as entidades e órgãos a ela vinculados, da administração direta ou indireta, bem como os fundos e fundações instituídos e mantidos pelo Poder Público.

Podemos notar pelo que dispõe o art. 165, §5º, da Constituição Federal, que o Projeto de Lei Orçamentária está dividido em 3 orçamentos, quais sejam:
a) orçamento fiscal;
b) orçamento de investimentos;
c) orçamento da seguridade social.

Outro ponto a ser observado é o princípio da *unidade*, sobre o qual iremos comentar mais a frente, e que preceitua que o orçamento deve ser, em sentido lato, uma única peça. Dessa forma, esses três tipos de orçamentos deverão estar contemplados em uma única Lei Orçamentária.

Como já dissemos, é importante observar que a elaboração da Lei Orçamentária deve ater-se às Diretrizes Orçamentárias, ao Plano Plurianual e, mais recentemente, à Lei de Responsabilidade Fiscal, que, em conjunto, ditam, entre outras, as regras do planejamento público. Caso a Administração não as siga, poderá sofrer várias consequências.

3.3.3 Composição da LOA

A Lei de Responsabilidade Fiscal trouxe algumas disposições novas que devem ser observadas quando da elaboração do Projeto de Lei Orçamentária Anual. Nele devem constar:[31]

- Demonstrativo de compatibilidade da programação dos orçamentos com os objetivos e metas constantes do Anexo de Metas Fiscais.
- Demonstrativo do efeito sobre as receitas e despesas decorrente de isenções, anistias, remissões e subsídios, bem como das medidas de compensação a renúncias de receita e ao aumento de despesas obrigatórias de caráter continuado.
- Reserva de contingência definida com base na receita corrente líquida, destinada ao atendimento de passivos contingentes e outros riscos e eventos fiscais imprevistos.
- Todas as despesas relativas à dívida pública, mobiliária ou contratual, e as receitas que as atenderão.
- O refinanciamento da dívida.
- Atualização monetária da dívida mobiliária até o limite da variação do índice de preços previsto na LDO.

3.3.4 Vedações

Não poderá constar do projeto da LOA:
- Crédito com finalidade imprecisa ou com dotação ilimitada.
- Dotação para investimento com duração superior a um exercício financeiro que não esteja previsto no Plano Plurianual ou em lei que autorize a sua inclusão.

É importante observar que a CF veda o início de programas ou projetos que não estiverem incluídos na Lei Orçamentária Anual.[32]

3.3.5 Quando elaborar

De acordo com a Constituição Federal, o projeto de Lei Orçamentária Anual deve ser elaborado pelo Poder Executivo e encaminhado ao Legislativo no prazo a seguir descrito:

---

[31] Art. 5º da Lei de Responsabilidade Fiscal.
[32] Art. 167 da CF.

Envio do projeto da LOA	até 31.08 (até quatro meses antes do encerramento do exercício financeiro)
Devolução para sanção	até 15.12 (encerramento da sessão legislativa)

3.3.6 Definição geral do orçamento público

Sucintamente, dentro do período de 4 anos, podemos definir o processo de planejamento da Administração Pública da seguinte forma:

Planejamento

Período	Tipo	Peça orçamentária
Longo prazo	Estratégico	PPA
Médio prazo	Tático	LDO
Curto prazo	Operacional	LOA

3.4 Princípios orçamentários

O orçamento público surgiu para atuar como instrumento de controle das atividades financeiras do Governo.

Por meio da autoridade prévia, pode o órgão de representação popular exercer sua ação fiscalizadora sobre a arrecadação e sobre a aplicação realizada pelo Poder Executivo. Entretanto, para real eficácia desse controle, faz-se mister que a constituição orgânica do orçamento se vincule a determinadas regras ou princípios orçamentários.

Em torno dessa necessidade, movimentaram-se os autores clássicos, oferecendo um rol de regras a serem observadas na elaboração e na apresentação do orçamento, bem como na sua votação pelo Congresso.

Divergem os escritores quanto a fixação dos princípios e, em consequência, torna-se extensa a relação que apresentam. Entre os princípios mais salientados pelos tratadistas, destacam-se os seguintes: anualidade, autorização prévia, clareza, especificação, exatidão, exclusividade, natureza contábil, não afetação das receitas, orçamento bruto, periodicidade, precedência da despesa sobre a receita, publicidade, sinceridade, unidade de caixa, unidade orçamentária e universalidade.

Dos inúmeros princípios expostos, sobressaem-se alguns que já se confirmaram na doutrina pela constância com que são defendidos pela maioria dos financistas: anualidade, equilíbrio, exclusividade, legalidade, não afetação da receita, unidade e o da universalidade. Somente sobre esses princípios faremos breve comentário, levando-se em conta o fato de que eles foram consagrados pelo nosso direito financeiro.

3.4.1 Anualidade

O orçamento vigorará por um ano – exercício financeiro, de 01.01 a 31.12 (art. 165, §8º, da CF). De acordo com o princípio da anualidade, também denominado princípio da periodicidade, as previsões de receita e despesa devem se referir, sempre, a um período limitado de tempo. Essa regra obriga o Poder Executivo a pedir, periodicamente, nova autorização para cobrar tributos e aplicar o produto da arrecadação. O período de doze meses tem sido considerado ideal, em quase todos os países; assim, o orçamento vigorará durante um ano, que poderá ou não coincidir com o ano civil.

3.4.2 Equilíbrio

Nenhuma despesa pode ser fixada sem recursos disponíveis de cobertura, excetuadas as relativas a créditos extraordinários. Dessa forma, o orçamento deverá manter o equilíbrio, do ponto de vista financeiro, entre os valores de receita e despesa.

3.4.3 Exclusividade

Não podem conter dispositivos estranhos à previsão da receita e à fixação da despesa, com exceção da autorização para abertura de créditos suplementares, contratações de operações de crédito, inclusive por antecipação de receitas. Princípio legal, art.165, §8º, da CF. O objetivo é impedir que seja utilizado um procedimento legislativo rápido, em virtude dos prazos fatais a que está sujeito, para se aprovarem, com facilitadores, medidas que, em tramitação regular, talvez não lograssem êxito.

> A regra da exclusividade tem uma grande significação no direito orçamentário brasileiro, e sua história entre nós está intimamente ligada às famosas *caudas orçamentárias* da Primeira República. Dando lugar aos "orçamentos rabilongos", na pitoresca definição de Rui Barbosa, decorriam essas caudas da inserção, na Lei de meios, então bipartida em Lei de receita e da despesa, de dispositivos inteiramente estranhos à matéria orçamentária.[33]

---

[33] SILVA, Sebastião de Sant'Anna e. *Os princípios orçamentários*. Rio de Janeiro: Escola Brasileira de Administração Pública, 1954. p. 32.

3.4.4 Legalidade

O orçamento originário, bem como os créditos adicionais, suplementares e especiais, devem ser aprovados previamente por lei específica.

3.4.5 Não afetação da receita ou não vinculação

Não deve vincular receitas, sendo admitidas apenas as de impostos mencionadas na Constituição: repartição da arrecadação, manutenção e desenvolvimento do ensino e prestação de garantias às operações de crédito por antecipação de receita; e somente por lei prévia, fundos especiais de qualquer natureza.

3.4.6 Unidade

O orçamento deve ser, em sentido lato, uma única peça. De acordo com esse princípio, o orçamento deve compreender as receitas e as despesas do exercício, de modo a demonstrar, pelo confronto das duas somas, se há equilíbrio, saldo ou déficit. Esse é conceito de unidade sob o aspecto formal, defendido por alguns autores, como Gaston Jéze, Stevam Milatchtch e outros.

Para outra corrente, entretanto, o conceito de unidade refere-se à unidade de caixa, isto é, todas as receitas devem entrar em uma caixa única da qual deverá sair o dinheiro para pagamento de todas as despesas – entendem assim León Say e A. Wagner. A unidade de caixa consiste em agrupar, pelo menos na contabilidade, por meio de uma conta única, a entrada e a saída de dinheiro. O objetivo da regra é possibilitar controle mais fácil ao Poder Legislativo sobre as origens e destinações dos fundos públicos.

Em decorrência da expansão das atividades comerciais e industriais do Estado, o princípio da unidade é frequentemente violado pelo surgimento dos orçamentos paralelos, pela necessidade da descentralização das atividades governamentais, criando-se órgãos dotados de autonomia financeira, fundos especiais e regimes financeiros especiais (art. 164, §3º, da Constituição de 1988).

3.4.7 Universalidade

Receitas e despesas devem constar do orçamento por seus valores brutos, vedadas quaisquer deduções. De origem francesa, o princípio tem por objetivo oferecer ao Parlamento um controle seguro sobre as operações financeiras realizadas pelo Poder Executivo.

Esse princípio costuma ser acompanhado da regra do orçamento bruto, pois a Administração Pública não pode subtrair da arrecadação de determinado órgão suas despesas, fazendo constar no orçamento apenas a parte líquida da arrecadação. Mas as atividades descentralizadas não permitem a aplicação dessa regra, uma vez que, das operações comerciais e industriais, apenas o resultado líquido figura no orçamento; por tais motivos a importância da regra do orçamento bruto começa a declinar.

4 INGRESSOS PÚBLICOS

4.1 Conceito

É tudo o que a Administração Pública arrecada, quer seja efetivado por meio de numerário, quer seja por outros bens representativos de valores.

São os valores arrecadados pelos entes da Federação em decorrência de dispositivos legais e constitucionais, ou que apenas figurem como depositários de ingressos. É uma derivação do conceito contábil de receita, agregando outros conceitos utilizados pela Administração Pública em virtude de suas peculiaridades. No entanto, essas peculiaridades não interferem nos resultados contábeis regulamentados pelo Conselho Federal de Contabilidade – CFC, por meio dos princípios fundamentais, até porque a macromissão da contabilidade é atender a todos os usuários da informação contábil, harmonizando conceitos, princípios, normas e procedimentos com as particularidades de cada entidade.

Os ingressos de caráter não devolutivo auferidos pelo Poder Público em qualquer esfera governamental, para alocação e cobertura de despesas públicas, são chamados receita orçamentária. Dessa forma, todo o ingresso orçamentário constitui uma receita pública, pois tem como finalidade atender às despesas públicas.

É importante observar que nem tudo o que a Administração Pública arrecada aumenta o seu patrimônio e se destina a fazer face aos gastos públicos, pois essa arrecadação está condicionada à restituição ou representa mera recuperação de valores emprestados ou cedidos e que, por isso mesmo, não pode ser considerada receita orçamentária.

Em consonância com as normas, a STN vem editando os Manuais de Contabilidade Aplicados ao Setor Público, que estão na 5ª edição.

Esses manuais objetivam padronizar os procedimentos contábeis nos três níveis de governo, de forma a garantir a consolidação das contas exigidas na Lei de Responsabilidade Fiscal.

Dessa forma, utilizamo-los como base para elaboração dos itens relacionados a receitas. Já com relação à despesa, essa ainda não foi atualizada. Assim, usaremos o conceito atual.

4.2 Regulamentação

A Lei nº 4.320/64 regulamenta os ingressos de disponibilidades de todos os entes da Federação, classificando-os em dois grupos: orçamentários e extraorçamentários.

Os ingressos orçamentários são aqueles pertencentes ao ente público e arrecadados exclusivamente para aplicação em programas e ações governamentais. Esses ingressos são denominados receita pública.

Os ingressos extraorçamentários são aqueles pertencentes a terceiros e arrecadados pelo ente público exclusivamente para fazer face às exigências contratuais pactuadas para posterior devolução. Esses ingressos são denominados recursos de terceiros.

O art. 3º, da Lei nº 4.320/64 – Lei de Orçamento – compreenderá todas as receitas, inclusive as operações de créditos autorizadas em lei.

E, em seu parágrafo único, diz:

> Não se consideram para fins deste artigo às operações de crédito por antecipação de receita, as emissões de papel-moeda e outras entradas compensatórias no ativo e passivo financeiro.

Conforme podemos observar, a Lei nº 4.320/64 nos esclarece sobre a existência de dois tipos de receitas, as que devem ser consideradas na Lei Orçamentária e as que não devem ser consideradas. A primeira, trataremos como ingressos orçamentários; a segunda, ingressos extraorçamentários.

4.2.1 Ingressos orçamentários

São as receitas públicas, logo, pertencem à entidade que as recolhe, por isso devem estar contidas no orçamento público e poderão ser utilizadas pela Administração Pública.

Como exemplo de ingressos orçamentárias podemos citar a arrecadação dos tributos pelos municípios que, de acordo com a LRF, devem instituir, prever e promover a efetiva arrecadação de todos os

tributos de competência constitucional (art. 11). São esses os tributos municipais, de acordo com o art. 156 da CF:
- imposto sobre a propriedade predial e territorial urbana – IPTU;
- imposto sobre a transmissão "intervivos", a qualquer título, por ato oneroso, de bens imóveis, por natureza ou acessão física, e de direitos reais sobre imóveis, exceto os de garantia, bem como cessão de direitos a sua aquisição;
- imposto sobre serviços de qualquer natureza – ISS;
- taxas;
- contribuições de melhoria.

Outros exemplos são: operações de créditos autorizadas em lei, dívida ativa, transferências constitucionais etc.

4.2.2 Ingressos extraorçamentários

Compreendem os recolhimentos feitos que constituirão compromissos exigíveis, cujo pagamento independe de autorização legislativa.

São os ingressos de numerário que correspondam a um aumento de passivo financeiro (recebimento de cauções e depósitos, empréstimos a curto prazo, retenções na fonte em favor de terceiros etc.) ou uma redução de ativo financeiro realizável (recebimento de créditos inscritos no subgrupo realizável). No primeiro caso, o ativo financeiro (pela entrada do numerário no disponível) e o passivo financeiro (pela obrigação financeira assumida) são aumentados em igual valor. No segundo caso, o disponível (pela entrada do numerário) é aumentado e o realizável (pelo recebimento do crédito) é diminuído, não alterando, em consequência, o total do ativo financeiro.

O ingresso extraorçamentário configurará sempre, como se poderá verificar, uma entrada compensatória no ativo e passivo financeiros, representando, por isso, um fato contábil tipo permutativo, o que equivale a dizer que não altera o patrimônio líquido da entidade.

Dessa forma, como se trata de ingressos compensatórios no ativo e passivo, teremos a obrigação de devolvermos ou pagarmos a quem de direito.

4.3 Contabilização

De acordo com os conceitos contábeis e orçamentários estabelecidos, a receita pública pode ou não provocar variação na situação patrimonial líquida. De acordo com os efeitos produzidos ou não no patrimônio líquido, a receita pública pode ser efetiva e não efetiva.

4.3.1 Receita pública efetiva

A receita pública efetiva é aquela em que os ingressos de disponibilidades de recursos não foram precedidos de registro de reconhecimento do direito e não constituem obrigações correspondentes e, por isso, alteram a situação líquida patrimonial.

4.3.2 Receita pública não efetiva

A receita pública não efetiva é aquela em que os ingressos de disponibilidades de recursos foram precedidos de registro do reconhecimento do direito e, por isso, alteram a situação líquida patrimonial.

4.3.3 Reconhecimento da receita pública

É a aplicação dos Princípios Fundamentais de Contabilidade para o reconhecimento de direitos antes da efetivação do correspondente ingresso de disponibilidades. A Lei nº 4.320/64, em seus arts. 51 e 53, estabelece o direito de cobrança de tributos com base em duas ações governamentais: a instituição de tributo e a sua inclusão no orçamento mediante lei, observadas as regras constitucionais. Portanto, constitui-se reconhecimento de receita para o ente a combinação da instituição de um tributo e sua inclusão no orçamento.

4.3.4 Recebimento de receita pública

É a aplicação do regime orçamentário de caixa, descrito no art. 11 da Lei nº 4.320/64, que resulta em registro contábil do ingresso de recursos, provenientes de receitas anteriormente reconhecidas ou reconhecidas no momento do recebimento. Considera-se também ingresso de disponibilidade de recursos a compensação ou quitação de obrigações utilizando-se de direitos ou conversão de obrigações em receita, cujos recebimentos estejam previstos no orçamento.

4.4 Fluxo da receita pública no contexto geral

Na Administração Pública, o fluxo econômico é compreendido por dois conceitos distintos, porém integrados. O primeiro é o conceito financeiro fundamentado na filosofia do ingresso de disponibilidade, no qual se baseou o orçamento, e estabeleceu o regime de caixa para a receita pública.

O segundo é o conceito patrimonial, que por muito tempo não foi observado, tanto pela Administração Pública quanto pela contabilidade pública aplicada ao setor público, o qual, com o advento da Lei de Responsabilidade Fiscal, para fazer cumprir-se, é necessária uma mudança cultural.

4.5 Classificação econômica da receita pública[34]

Quanto à classificação econômica, as receitas são divididas em corrente e capital.

4.5.1 Receitas correntes

São as receitas tributárias, de contribuições, patrimonial, agropecuária, industrial, de serviços e outras, ainda, provenientes de recursos financeiros recebidos de outras pessoas de direito público ou privado, quando destinados a atender a despesas classificáveis em despesas correntes.

4.5.2 Receitas de capital

São as provenientes da realização de recursos financeiros oriundos de constituição de dívida, da conversão, em dinheiro, de bens e direitos, os recursos recebidos de outras pessoas de direito público ou privado, destinadas a atender a despesas classificáveis em despesas de capital e, ainda, o superávit do orçamento corrente.

4.6 Codificação orçamentária da receita

4.6.1 Natureza da receita

Na elaboração do orçamento público, a codificação orçamentária da natureza da receita é composta dos níveis abaixo:
1º nível – Categoria econômica
2º nível – Fonte

---

[34] Art. 11 da Lei nº 4.320/64.

3º nível – Subfonte
4º nível – Rubrica
5º nível – Alínea
6º nível – Subalínea

4.6.2 Detalhamento de código da natureza da receita orçamentária

Para atender às necessidades internas, a União, estados, Distrito Federal e municípios poderão detalhar as classificações orçamentárias constantes do anexo I, a partir do nível ainda não detalhado. A administração dos níveis já detalhados cabe à União.
– Exemplo 1
1.1.1.2.04.10 – Pessoas físicas:
   1 = Receita corrente (categoria econômica);
   1 = Receita tributária (fonte);
   1 = Receita de impostos (subfonte);
   2 = Impostos sobre o patrimônio e a renda (rubrica);
   04 = Imposto sobre a renda e proventos de qualquer natureza (alínea);
   10 = Pessoas físicas (subalínea) – *nível exclusivo da STN*;
XX = *Nível de detalhamento optativo.*

– Exemplo 2
1.1.2.1.40.00 – Taxas de serviço de transporte marítimo de passageiros:
   1 = Receita corrente (categoria econômica);
   1 = Receita tributária (fonte);
   2 = Taxas (subfonte);
   1 = Taxa pelo exercício do poder de polícia (rubrica);
   40 = Taxas de serviço de transporte marítimo de passageiros (alínea) – *nível exclusivo da STN*;
   00 = Nível de detalhamento optativo (subalínea);
XX = *Nível de detalhamento optativo.*

De acordo com os exemplos, o detalhamento de nível de código de natureza de receita somente poderá ser efetivado nos níveis que estão com zeros. No exemplo 1, não poderá ser detalhado em nível de subalínea (1.1.1.2.04.36) e, no exemplo 2, não poderá ser detalhado em nível de alínea (1.1.2.1.41.00).

4.7 Regime de execução orçamentária da receita pública

4.7.1 Conceito orçamentário

Do ponto de vista orçamentário, o regime de caixa é legalmente instituído para a receita pública, ou seja, no momento do ingresso de disponibilidade. Tal situação decorre da aplicação da Lei nº 4.320/64, que, em seu art. 35, dispõe pertencerem ao exercício financeiro as receitas nele arrecadadas.

A adoção do regime de caixa para as receitas decorre do enfoque orçamentário da Lei nº 4.320/64, com o objetivo de evitar o risco de que a execução das despesas orçamentárias ultrapasse a arrecadação efetivada.

A aplicação do regime orçamentário de caixa abrange também os ingressos indiretos. São denominados ingressos indiretos as operações realizadas pelo ente que consiste na utilização de direitos, cujos recebimentos estejam previstos no orçamento, para quitar obrigações também autorizadas no orçamento.

O conceito estabelecido no art. 35 é bastante incisivo ao caracterizar como receita do exercício corrente aquela que for arrecada no próprio exercício. Não permite nenhuma exceção, mas algumas práticas têm descaracterizado esse conceito.

O equilíbrio das receitas e despesas deve ser compreendido no tempo e não em cada exercício. Esse conceito é derivado da aplicação do art. 35. Não se deve confundir equilíbrio orçamentário da previsão e da dotação com equilíbrio das execuções das receitas e despesas.

O equilíbrio orçamentário da previsão e da dotação é baseado no princípio da anualidade, combinado com a inclusão, no total da previsão, do valor dos saldos de exercícios anteriores para justificar o suporte financeiro à dotação orçamentária.

O equilíbrio da execução das receitas e despesas é baseado no princípio da origem e da aplicação de recursos, caracterizado pelo equilíbrio financeiro no tempo. Dessa forma, não são receitas arrecadadas e, portanto, não devem ser registradas como tal, até porque já foram arrecadados os recursos financeiros oriundos de:

1. Superávit financeiro – art. 43, §1º, inc. I – aplicação do princípio do equilíbrio de receitas e despesas, que considera o superávit financeiro fonte para aumento de despesas do exercício seguinte. Portanto, trata-se de saldo financeiro, e não de nova receita a ser registrada.

2. Cancelamento de despesas inscritas em restos a pagar – art. 38 – aplicação do princípio do equilíbrio de receitas e despesas que

considera as disponibilidades de recursos destinadas ao pagamento de restos a pagar como fonte para aumento de despesas do exercício em que ocorrer o cancelamento. Portanto, trata-se de restabelecimento de saldo de disponibilidade comprometida resultante de receitas arrecadadas em exercícios anteriores, e não de uma nova receita a ser registrada. Seria o mesmo que registrar uma receita mais de uma vez, e isso descaracteriza a aplicação tanto do princípio da competência contábil, quanto do regime orçamentário de caixa.

Entende-se por cancelamento de restos a pagar o estorno da obrigação constituída em exercícios anteriores em contrapartida com uma variação ativa resultante do cancelamento de despesa orçamentária inscrita em restos a pagar em exercícios anteriores. Não se confunde com a recuperação de despesa de exercícios anteriores. A recuperação de despesas orçamentárias de exercícios anteriores é o recebimento de disponibilidades provenientes de devoluções de recursos pagos a maior ou de descontos concedidos após o encerramento do exercício. Nesse caso, trata-se de receita orçamentária.

4.7.2 Conceito contábil

A contabilidade mantém o processo de registro apto para sustentar o dispositivo legal do regime orçamentário da receita, de forma que atenda a todas as demandas de informações da execução orçamentária sob a ótica de caixa. No entanto, a contabilidade, sem deixar de observar a Lei nº 4.320/64, deve levar em consideração os princípios fundamentais de contabilidade de competência, prudência e oportunidade, além dos demais princípios. A harmonia entre os princípios contábeis e orçamentários é a prova da eficiência contábil da Administração Pública. O enfoque patrimonial deverá ser aplicado pela Administração Pública para sustentação do conceito de patrimônio líquido, sem deixar de aplicar o enfoque orçamentário e financeiro.

5 DISPÊNDIOS PÚBLICOS

5.1 Conceito

São os todos os valores que são gastos pela Administração Pública para as mais diversas finalidades, como exemplo, para a manutenção de serviços existentes, pagamento de salários e para criação, expansão ou aperfeiçoamento da ação governamental, visando à satisfação das necessidades coletivas ou até mesmo os repasses de valores que ficam consignados (retidos) na administração para pagamento a fornecedores ou para simplesmente serem repassados a outros entes.

Nem todos esses valores diminuem o patrimônio da entidade, pois algumas dessas despesas foram feitas com valores de terceiros, os quais foram depositados no ente, e este agiu apenas como intermediador.

5.2 Classificação

Os dispêndios públicos se dividem em dois grandes grupos, que, a seguir, serão comentados, os orçamentários e os extraorçamentários.

5.2.1 Despesa orçamentária

A despesa orçamentária pode ser conceituada como aquela que a entidade de direito público, devidamente autorizada pela Lei Orçamentária ou pelos créditos adicionais, realiza para a manutenção de serviços anteriormente criados e para criação ou ampliação dos serviços públicos, visando à satisfação das necessidades coletivas. Para que a despesa orçamentária possa ser realizada, é imprescindível, como se vê, que esteja programada no orçamento ou autorizada por créditos adicionais. A despesa orçamentária deve ser realizada com rigorosa observância aos três estágios que a Lei Federal nº 4.320/64 estabelece: empenho, liquidação e pagamento.

Finalmente, é importante anotar que, excetuados os casos previstos pela legislação pertinente, a despesa orçamentária deve ser precedida de licitação e formalizada por meio de contrato.

5.2.2 Despesa extraorçamentária

Constitui dispêndio extraorçamentário as saídas de numerário que não dependam de autorização legislativa, isto é, aquelas que não correspondam a pagamentos de despesas orçamentárias. Os valores extraorçamentários caracterizam-se por acarretar um aumento do ativo financeiro realizável (quando a saída de numerário gerar um direito a ser inscrito nesse subgrupo) ou uma redução do passivo financeiro (quando, em razão da saída de numerário, ocorrer uma diminuição das obrigações financeiras inscritas nesse grupo). São exemplos de valores extraorçamentários: adiantamentos e empréstimos a autarquias, desfalques de numerário, com responsabilização de servidor (nesses casos, as saídas de numerário geram direitos a serem inscritos no realizável), pagamentos de restos a pagar, dos serviços da dívida a pagar, amortização do principal da dívida contraída a curto prazo, devoluções de cauções, pagamentos às entidades ou pessoas em favor das quais foram efetuadas retenções na fonte (nesses casos, as saídas de numerário acarretam diminuição do passivo financeiro).

Caracteriza-se como valor extraorçamentário, ainda, a representação, a exemplo do que acontece com o ingresso extraorçamentário, de um fato contábil tipo permutativo, uma vez que não altera o patrimônio líquido.

Observação: pode acontecer de um valor extraorçamentário virar orçamentário: temos, por exemplo, o caso do imposto de renda retido na fonte de servidores, que, por força constitucional, é retido, contabilizado como uma obrigação e, depois, retido no próprio ente municipal. Outros exemplos são os valores recebidos como "caução" e também o cancelamento de restos a pagar (art. 38).

5.2.3 Classificação da despesa

1º – Institucional: poder, órgão e unidade orçamentária.
2º – Funcional programática: função, subfunção, programas, projeto/atividade ou operações especiais.
3º – Por natureza: categoria econômica, grupo de natureza da despesa e elemento de despesa.
Observação: os três itens juntos formam uma *dotação orçamentária*.

1º – Institucional: poder, órgão e unidade orçamentária
Supondo a dotação orçamentária: 60.16.10.12.365.0151.9565.44 9051.00

Poder	60 – PMSP
Órgão	16 – Educação
Unidade	10 – Gabinete do Secretário

2º – Classificação funcional programática
De acordo com a Portaria nº 42 de 14.4.1999, do Ministro de Planejamento, a despesa orçamentária deve ser discriminada e codificada por: função de Governo, subfunção, programa, projeto, atividade e operações especiais. A discriminação ordenada na classificação

funcional programática visa a conjugar as funções de Governo com os programas a serem desenvolvidos. A seguir, apresentamos a discriminação e a codificação de acordo com a portaria:

1º e 2º dígito	Indicam as funções
3º ao 5º dígito	Indicam subfunções
6º ao 9º dígito	Indicam os programas
10º dígito	Começando com número ímpar – projeto Começando com número com par – atividade Começando com zero – operações especiais (finalistas e não finalistas)
11º a 13º dígito	Subtítulo – número sequencial do projeto, atividade ou operação especial

Exemplo: 60.16.10.12.365.0151.9565.449051.00
12 – Função – Educação.
365 – Subfunção – Educação Infantil.
0151 – Programa – Construção de Creche.
9565 – Projeto e subtítulo – Construção da Creche Cangaíba.

- Função: maior nível de agregação das diversas áreas de despesas que competem ao setor público.
- Subfunção: uma participação da função, que visa a agregar determinado subconjunto de despesa do setor público.
- Programa: instrumento de organização da ação governamental visando à concretização dos objetivos pretendidos, sendo mensurados por indicadores estabelecidos no Plano Plurianual.
- Projeto: é um instrumento de programação para alcançar os objetivos de um programa, envolvendo um conjunto de operações, limitadas no tempo, das quais resulta um produto final que concorre para expansão ou aperfeiçoamento da ação do Governo.
- Atividade: é um instrumento de programação para alcançar os objetivos de um programa, envolvendo um conjunto de operações que se realizam de modo contínuo e permanente, necessárias à manutenção da ação do Governo. O projeto caracteriza-se, como se vê, por ter começo e fim, e a atividade se repete ano a ano.
- Operações especiais: são as despesas que não contribuem para a manutenção das ações de Governo, das quais não resulta um

produto e não geram contraprestação direta sob a forma de bens e serviços. Elas constituem uma espécie do gênero das operações orçamentárias. A outra espécie seriam as "ações orçamentárias", que se traduzem nos diferentes projetos e atividades.

Cabe lembrar que as operações especiais, não vinculadas a programas constantes do Plano Plurianual, comporão uma função específica, denominada "encargos especiais", sem identificação de programas.

Exemplos: dívida, ressarcimentos, transferências, indenizações e outros afins.

3º – Despesa por natureza
I – Categoria econômica (art. 12 da Lei nº 4.320/64):
3 – Despesas correntes: o código das despesas correntes é 3, sendo classificadas nessa categoria todas as despesas que não contribuem, diretamente, para a formação ou aquisição de um bem de capital.

Subdividem-se em despesas de *custeio* e *transferências correntes*.

Custeio: são as destinadas à manutenção dos serviços anteriormente criados, tais como: conservação de escolas, hospitais, coleta de lixo, serviços administrativos. São elementos da despesa de custeio: despesas com pessoal, material de consumo, serviços de terceiros etc.

Transferências correntes: de um modo geral, são as transferências realizadas, podem ser intragovernamentais, intergovernamentais, a instituições privadas (subvenções sociais, econômicas, contribuições correntes), ou a pessoas (inativos, pensionistas) etc.

4 – Despesas de capital: o código das despesas de capital é 4. Sendo classificadas nessa categoria aquelas despesas que contribuem, diretamente, para formação ou aquisição de um bem de capital ou adição de um valor a um bem já existente, bem como transferência, por meio de compra ou outro meio de aquisição, a propriedade de bem entre entidades do setor público ou de setor privado para o primeiro. Não podemos confundir com o conceito contábil de bem de ativo, como tal, contabilizável. São subcategorias das despesas de capital: investimentos (investimentos das quais resulta um bem ativo, aquisição de imóveis para a realização de obras [§4º, art. 12 da Lei nº 4.320/64]); inversões financeiras (aquisição de um bem de capital já em utilização, aquisição de imóveis – exceto aqueles necessários à realização de obras) e transferências de capital (são as despesas que vão, nas entidades beneficiadas, contribuir para formação ou aquisição de um bem de capital) – transferências, amortizações de dívida etc.).

II – Grupo de natureza da despesa:
Entende-se por grupos de natureza de despesa a agregação de elementos de despesa que representam as mesmas características quanto ao objeto de gasto.

Observação: a natureza da despesa será complementada pela informação gerencial denominada "modalidade de aplicação", a qual tem por finalidade indicar se os recursos são aplicados diretamente por órgãos ou entidades no âmbito da mesma esfera de Governo ou por outro ente da Federação e suas respectivas entidades, e objetiva, precipuamente, possibilitar a eliminação da dupla contagem dos recursos transferidos ou descentralizados.

III – Elemento de despesa:
O elemento de despesa tem por finalidade identificar os objetos de gasto, tais como vencimentos e vantagens fixas, juros, diárias, material de consumo, serviços de terceiros prestados sob qualquer forma, subvenções sociais, obras e instalações, equipamentos e material permanente, auxílios, amortização e outros de que a Administração Pública se serve para a consecução de seus fins.

É facultado, ainda, o desdobramento suplementar dos elementos de despesa para atendimento das necessidades de escrituração contábil e controle da execução orçamentária.

Em decorrência do disposto no art. 3º, a estrutura da natureza da despesa a ser observada na execução orçamentária de todas as esferas de Governo será "c.g.mm.ee.dd", em que:

a) "c" representa a categoria econômica;
b) "g" representa o grupo de natureza da despesa;
c) "mm" representa a modalidade de aplicação;
d) "ee" representa o elemento de despesa; e
e) "dd" representa o desdobramento, facultativo, do elemento de despesa.

Classificação segundo a natureza da despesa
Portaria Interministerial nº 163 de 2001

Discriminação econômica		Código orçamentário e especificação
1º dígito	Categoria econômica	3 – Despesa corrente 4 – Despesa de capital
2º dígito	Grupo de natureza da despesa	1 – Pessoal e encargos 2 – Juros e encargos da dívida 3 – Outras despesas correntes 4 – Investimentos 5 – Inversões financeiras 6 – Amortização da dívida
3º e 4º dígito	Modalidade de aplicação	20 – Transferências à União 30 – Transferências a estados e ao Distrito Federal 40 – Transferências a municípios 50 – Transferências a instituições privadas sem fins lucrativos 60 – Transferências a instituições privadas com fins lucrativos 70 – Transferências a instituições multigovernamentais nacionais 80 – Transferências ao exterior 90 – Aplicações diretas 99 – A definir
5º e 6º dígito	Elemento	01 – Aposentadorias e reformas 03 – Pensões 04 – Contratação por tempo determinado 05 – Outros benefícios previdenciários 06 – Benefício mensal ao deficiente e ao idoso 07– Contribuição a entidades fechadas de previdência 08 – Outros benefícios assistenciais 09 – Salário-família 10 – Outros benefícios de natureza social 11 – Vencimentos e vantagens fixas – pessoal civil 12 – Vencimentos e vantagens fixas – pessoal militar 13 – Obrigações patronais 14 – Diárias – civil 15 – Diárias – militar 16 – Outras despesas variáveis – pessoal civil ... 91 – Sentenças judiciais 92 – Despesas de exercícios anteriores 93 – Indenizações e restituições 94 – Indenizações e restituições trabalhistas 95 – Indenização pela execução de trabalhos de campo 96– Ressarcimento de despesas de pessoal requisitado 99 – A classificar
"dd"		Desdobramento facultativo do elemento de despesa

A seguir, exemplificamos o quadro apresentado com um exemplo do elemento de despesa: 3.1.90.14.

Discriminação econômica	Código orçamentário	Especificação
Categoria econômica	3	Despesa corrente
Grupo de natureza da despesa	1	Pessoal e encargos
Modalidade de aplicação	90	Aplicação direta
Elemento	14	Diárias – civis

Observação: a dotação global denominada "reserva de contingência", permitida para a União no art. 91, do Decreto-Lei nº 200, de 25.2.1967, ou em atos das demais esferas de Governo, a ser utilizada como fonte de recursos para abertura de créditos adicionais e para o atendimento ao disposto no art. 5º, inc. III, da Lei Complementar nº 101, de 2000, sob coordenação do órgão responsável pela sua destinação, será identificada nos orçamentos de todas as esferas de Governo pelo código "99.999.9999.xxxx.xxxx", no que se refere às classificações por função e subfunção e estrutura programática, em que o "x" representa a codificação da ação e o respectivo detalhamento. A classificação da reserva referida acima, quanto à natureza da despesa, será identificada com o código "9.9.99.99.99".

Exemplo de uma *dotação orçamentária* 16.10.12.365.0151.9565. 449051-00:

16	Órgão:	Secretaria de Educação
10	Unidade:	Gabinete do Secretário
12	Função:	Educação
365	Subfunções:	Infantil
0151	Programa:	Crianças de 0 a 6 anos
9565	Projeto/Atividade:	Construção da Creche Cangaíba
4	Categoria econômica:	Despesa de capital
4	Grupo de natureza da despesa:	Investimento
90	Modalidade de aplicação:	Direta
51	Elemento:	Obras e instalações
00	D.D.*	-x-

* Desdobramento facultativo do elemento de despesa.

Exemplo: supondo um subelemento "4" (adiantamento bancário), o desdobramento poderia ser "1", inc. I, do art. 2º, da Lei nº 10.513/88.

6 CRÉDITOS ADICIONAIS

Art. 167 da Constituição Federal e arts. 40 a 46 da Lei nº 4.320/64
São autorizações de despesas não computadas ou insuficientemente dotadas na Lei do Orçamento.

Durante a execução orçamentária, o Poder Executivo pode solicitar ao Legislativo, e este conceder, novos créditos orçamentários. Eles serão adicionados aos valores que integram o orçamento em vigor. Por essa razão, denominam-se créditos adicionais.

Todos os créditos adicionais abertos, em sua maioria, aumentam a despesa pública fixada para o exercício, causando, assim, déficit.

Dessa forma, para as despesas não computadas ou insuficientemente dotadas, são feitos acréscimos ou remanejamento dentro do orçamento por meio de créditos adicionais que se classificam em:
 a) suplementares – destinados ao reforço de dotações orçamentárias que se tornaram insuficientes. Suplementam os créditos do orçamento anual; sua vigência esta adstrita ao exercício;
 b) especiais – destinados a despesas para as quais não haja dotações orçamentárias específicas, ou seja, um novo programa, projeto ou atividade de forma a atender a um objetivo não previsto no orçamento;
 c) extraordinários – destinados a despesas imprevisíveis e urgentes, em caso de guerra, comoção intestina (greve, revolta) ou calamidade pública, que obriga o Poder Executivo a realizar um atendimento rápido e urgente.

Condições básicas
A abertura dos créditos suplementares e especiais deve atender às seguintes condições básicas: prévia autorização legislativa, que pode ser dada na própria Lei do Orçamento, como é o caso dos créditos suplementares ou feita em lei própria para os créditos especiais; e indicação de recursos, sendo válidos, desde que não comprometidos, os provenientes de:
 a) Superávit financeiro: apurado em balanço patrimonial do exercício anterior; conjugando-se ainda os saldos dos créditos adicionais transferidos e as operações de créditos a eles vinculados.

b) Excesso de arrecadação.
c) Resultantes de anulação parcial ou total de dotações orçamentárias ou de créditos adicionais.
d) Operações de crédito autorizadas, em forma que, juridicamente, possibilite ao Poder Executivo realizá-las.

Por outro lado a abertura dos créditos extraordinários apresenta características diferentes:

a) É efetuada por decreto do Poder Executivo, que dele dará imediato conhecimento ao Poder Legislativo; e também independe da indicação de recursos para sua abertura; e
b) Quando for feita a abertura de um crédito adicional por excesso de arrecadação, deve-se deduzir os créditos extraordinários abertos.

Vigência dos créditos adicionais

Quanto à vigência dos créditos adicionais suplementares, restringe-se ao exercício financeiro em que forem *abertos* (art. 45 da Lei nº 4.320/64), quantos aos especiais e extraordinários em que forem *autorizados* (§2º, XI, 167 da CF).

Existe, também, a possibilidade de prorrogação dos créditos especiais e extraordinários para o exercício seguinte, desde que o ato de autorização tenha sido promulgado nos últimos 4 meses do ano. Neste caso, poderão ser reabertos no exercício financeiro subsequente, se não tiverem sido totalmente utilizados.

Note-se que o §2º, XI, 167 da CF, dispõe que a vigência dos créditos adicionais extraordinários vale no exercício em forem *autorizados*. Acontece que os créditos extraordinários não necessitam de autorização, logo entendemos que ele será automaticamente promulgado se a sua "abertura" for feita nos 4 últimos meses do ano.

Para melhor visualização, elaboramos o diagrama a seguir:

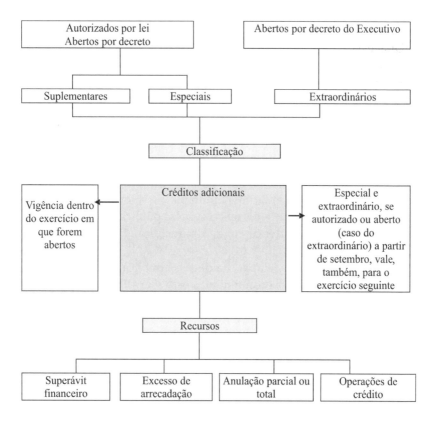

7 QUESTÕES E RESPOSTAS COMPLEMENTARES AO TEMA

1) O que é orçamento público?

É uma lei anual, obrigatória pra todos os entes da Federação, conforme o disposto no art. 165, da Constituição Federal, e art. 4º da Lei de Responsabilidade Fiscal. A lei tem o propósito de estimar as receitas e fixar as despesas, necessárias à execução da política governamental, objetivando atingir o bem comum da sociedade e deve ter caráter de instrumento público, pois objetiva atender às demandas da sociedade.

O orçamento público, destacado na figura da Lei Orçamentária Anual, é um instrumento de planejamento e execução das finanças públicas. Na atualidade, o conceito está intimamente ligado à previsão das receitas e fixação das despesas públicas. Sua natureza jurídica é considerada, apenas, como de lei em sentido formal. Isso guarda relação com o caráter meramente autorizativo das despesas públicas ali previstas.

2) Qual é a importância do orçamento público para o gestor?

A importância para o gestor é de instrumento de planejamento público, pois para viabilizar as metas traçadas pela Administração Pública, por meio do Plano Plurianual, e transformá-las em realidade, obedecida a Lei de Diretrizes Orçamentárias, elabora-se o orçamento anual, no qual são programadas as ações a serem executadas pelo Governo, visando alcançar os objetivos determinados. Abrange a administração direta (Executivo, Legislativo, Judiciário, Tribunais de Contas, Ministério Público e Defensoria Pública), entidades da administração indireta (autarquias, fundações, fundos) e os valores referentes aos investimentos que serão feitos nas empresas públicas e sociedades de economia mista que pertencerem à Administração Pública.

3) Quais são os estágios (etapas) da despesa pública?

Para que a despesa orçamentária possa ser realizada é imprescindível que esteja programada no orçamento ou autorizada por créditos adicionais. A despesa orçamentária deve ser realizada com rigorosa observância aos três estágios que a Lei Federal nº 4.320/64 estabelece: empenho, liquidação e pagamento.

4) O que é empenho? Quais são os tipos de empenho na Administração Pública?

O empenho caracteriza-se pela determinação (despacho) da autoridade competente (ordenador da despesa), em processo regular, autorizando que seja deduzida do saldo existente na respectiva dotação do orçamento, ou em crédito adicional, a parcela necessária à realização de uma despesa, objetivando criação, expansão ou aperfeiçoamento da ação governamental ou manutenção de uma atividade anteriormente criada.

Conforme dispõe o art. 60 da Lei nº 4.320/64, os empenhos são classificados em:

- *Ordinário*: é o tipo de empenho utilizado para as despesas de valor fixo e previamente determinado, cujo pagamento deva ocorrer de uma só vez.
- *Estimativo*: é o tipo de empenho utilizado para as despesas cujo montante não se pode determinar, tais como serviços

de fornecimento de água e energia elétrica, aquisição de combustíveis, reajustes contratuais e outros.

– *Global*: é o tipo de empenho utilizado para despesas contratuais ou outras de valor determinado, sujeitas a parcelamento, como exemplo, os compromissos decorrentes de alugueres. Ressalta-se que o art. 60 *prevê a permissão* do empenho global e, não, obrigação. É utilizado para os casos de despesas contratuais e outras sujeitas a parcelamento. Emite-se um empenho que engloba todo o período do contrato, um exercício, trimestre ou semestre (como julgar mais simples e preciso), evitando, assim, que se tenha de empenhar em toda a entrega (semestral, mensal ou diária).

5) O que é nota de empenho?

Podemos dividir o empenho em duas fases, sendo que a primeira fase é o despacho da autoridade competente em processo administrativo que contém a despesa a ser realizada. Chamamos essa primeira fase de *fase jurídica*, pois, em conformidade com o art. 58, cria para o Estado obrigação de pagamento pendente ou não de implemento de condição. Dessa forma, a obrigação de pagamento é gerada independentemente de o serviço ter sido prestado ou a mercadoria ter sido entregue.

Conceituamos a segunda fase de *fase contábil*, de acordo com o que determina a Lei nº 4.320/64, que em seu art. 61 diz:

> Para cada empenho será extraído um documento denominado "nota de empenho" que indicará o nome do credor, a representação e a importância da despesa bem como a dedução desta do saldo da dotação própria.

Conforme observamos no art. 61 e no nosso exemplo, acima, de um "despacho da autoridade competente", para haver a formalização do empenho, será necessária a emissão de um documento denominado "nota de empenho", no qual deverão constar o nome do credor, a especificação do objeto e a importância da despesa, bem como os demais dados necessários ao controle da execução orçamentária.

Embora o art. 61 estabeleça a obrigatoriedade de constar o nome do credor no documento nota de empenho, em alguns casos, como na folha de pagamento, torna-se impraticável a emissão de um empenho para cada credor, tendo em vista o número excessivo de credores (servidores) que serão beneficiados.

6) O que é anulação parcial do empenho?

É o ato de cancelarmos apenas parte do valor emitido a título de nota de empenho. Ela acontecerá normalmente no caso de emitirmos um empenho estimativo, uma vez que não sabemos qual é o valor exato da despesa, que só será conhecida após a sua liquidação.

7) A nota de empenho pode substituir o contrato?

A nota de empenho, em regra, substitui o contrato, mas nos casos previstos no art. 62 da Lei nº 8.666/93, ou seja, concorrência, tomada de preços, bem como nas dispensas e inexigibilidades cujos preços estejam compreendidos nos limites destas duas modalidades de licitação, o *instrumento de contrato* é *obrigatório*. Independentemente da obrigatoriedade da realização do instrumento contratual, para existir a segunda fase da despesa, fase contábil, é necessária a emissão da nota de empenho para cumprimento do art. 35 da Lei nº 4.320, que em seguida será substituído pelo instrumento contratual.

8) Pode ser realizada despesa sem empenho prévio?

Quando o valor empenhado (nota de empenho) for insuficiente para atender à despesa a ser realizada, o empenho poderá ser reforçado antes da realização da despesa. Reforçando assim o conceito de que é imprescindível que a nota de empenho seja emitida antes da realização da despesa, isso para não infringir o art. 60 da Lei nº 4.320, que veda a realização de despesa sem prévio empenho, evitando, assim, que ela ocorra, o que poderá sujeitar o Prefeito à sanção prevista no art. 4º, inc. VI, do Decreto-Lei nº 201/67, que diz

> Art. 4º São infrações político-administrativas dos Prefeitos Municipais sujeitas ao julgamento pela Câmara dos Vereadores e sancionadas com a cassação do mandato: [...]
> VI – descumprir o orçamento aprovado para o exercício financeiro.

9) O que é liquidação?

Pelo art. 63, a liquidação da despesa consiste na verificação do direito adquirido pelo credor, tendo por base os títulos e documentos comprobatórios do respectivo crédito.

> Art. 63. A liquidação da despesa consiste na verificação do direito adquirido pelo credor tendo por base os títulos e documentos comprobatórios do respectivo crédito.
> §1º Essa verificação tem por fim apurar:

I – a origem e o objeto do que se deve pagar;
II – a importância exata a pagar;
III – a quem se deve pagar a importância, para extinguir a obrigação.
§2º A liquidação da despesa por fornecimentos feitos ou serviços prestados terá por base:
I – o contrato, ajuste ou acordo respectivo;
II – a nota de empenho;
III – os comprovantes da entrega de material ou da prestação efetiva do serviço.

10) O que é reserva de dotação?

Atualmente, encontra-se em aplicação a sistemática da reserva de dotação ou pré-empenho, antecedendo os estágios da despesa, já que, após o recebimento do crédito orçamentário e antes do seu comprometimento para a realização da despesa, existe a fase de licitação, obrigatória, junto a fornecedores de bens e serviços que impõe a necessidade de se assegurar o crédito orçamentário e financeiro até o término do processo licitatório.

Segundo o art. 7º, §2º, inc. III, da Lei nº 8.666/93, as obras e os serviços somente poderão ser licitados quando *houver previsão de recursos orçamentários* que assegurem o pagamento das obrigações decorrentes de obras ou serviços a serem executadas no exercício financeiro em curso, de acordo com o respectivo cronograma.

11) O que é dotação orçamentária?

Podemos definir execução orçamentária como sendo a utilização dos créditos consignados na Lei Orçamentária. Já a execução financeira, por sua vez, representa a utilização de recursos financeiros, valores arrecadados, que objetivam atender à realização das ações de governo (projetos e/ou atividades) atribuídas às unidades orçamentárias. Na técnica orçamentária, inclusive, é habitual se fazer a distinção entre as palavras *crédito* e *recurso*. Reserva-se o termo crédito para designar o lado orçamentário e recurso para o lado financeiro. Crédito e recurso são duas faces de uma mesma moeda. O crédito é orçamentário, dotação ou autorização de gasto ou sua descentralização, e o recurso é financeiro, portanto, dinheiro ou saldo de disponibilidade bancária.

12) O que é programação financeira?

Conforme definido nos arts. 47 a 50, da Lei nº 4.320/64, imediatamente após a promulgação da Lei de Orçamento e com base nos limites

nela fixados, o Poder Executivo aprovará um quadro de cotas trimestrais da despesa que cada unidade orçamentária fica autorizada a utilizar. A fixação das cotas atenderá aos seguintes objetivos:
a) assegurar às unidades orçamentárias, em tempo útil, a soma de recursos necessários e suficientes à melhor execução do seu programa anual de trabalho;
b) manter, durante o exercício, na medida do possível, o equilíbrio entre a receita arrecadada e a despesa realizada, de modo a reduzir ao mínimo eventuais insuficiências de tesouraria.

A programação da despesa orçamentária, para efeito do disposto no artigo anterior, levará em conta os créditos adicionais e as operações extraorçamentárias. Ainda, é importante dizer que as cotas trimestrais poderão ser alteradas durante o exercício, observados o limite da dotação e o comportamento da execução orçamentária.

Complementando a questão anterior, uma vez publicada a LOA – Lei Orçamentária Anual, observadas as normas de execução orçamentária e de programação financeira estabelecida para o exercício, conforme já dissemos, e lançadas as informações orçamentárias, cria-se o crédito orçamentário e, a partir daí, tem-se o início da execução orçamentária propriamente dita.

13) O que são despesas obrigatórias com educação?

São as despesas autorizadas por lei e que podem ser incluídas como gastos com educação.

As despesas com educação estão previstas na LDB – Lei de Diretrizes e Bases da Educação (nº 9.394/96), nos arts. 70 e 71:

> Art. 70º Considerar-se-ão como de manutenção e desenvolvimento do ensino as despesas realizadas com vistas à consecução dos objetivos básicos das instituições educacionais de todos os níveis, compreendendo as que se destinam a:
> I - remuneração e aperfeiçoamento do pessoal docente e demais profissionais da educação;
> II - aquisição, manutenção, construção e conservação de instalações e equipamentos necessários ao ensino;
> III - uso e manutenção de bens e serviços vinculados ao ensino;
> IV - levantamentos estatísticos, estudos e pesquisas visando precipuamente ao aprimoramento da qualidade e à expansão do ensino;
> V - realização de atividades-meio necessárias ao funcionamento dos sistemas de ensino;
> VI - concessão de bolsas de estudo a alunos de escolas públicas e privadas;

VII - amortização e custeio de operações de crédito destinadas a atender ao disposto nos incisos deste artigo;

VIII - aquisição de material didático-escolar e manutenção de programas de transporte escolar.

Art. 71º Não constituirão despesas de manutenção e desenvolvimento do ensino aquelas realizadas com:

I - pesquisa, quando não vinculada às instituições de ensino, ou, quando efetivada fora dos sistemas de ensino, que não vise, precipuamente, ao aprimoramento de sua qualidade ou à sua expansão;

II - subvenção a instituições públicas ou privadas de caráter assistencial, desportivo ou cultural;

III - formação de quadros especiais para a administração pública, sejam militares ou civis, inclusive diplomáticos;

IV - programas suplementares de alimentação, assistência médico-odontológica, farmacêutica e psicológica, e outras formas de assistência social;

V - obras de infra-estrutura, ainda que realizadas para beneficiar direta ou indiretamente a rede escolar;

VI - pessoal docente e demais trabalhadores da educação, quando em desvio de função ou em atividade alheia à manutenção e desenvolvimento do ensino.

14) O que são despesas obrigatórias com saúde?

São as despesas autorizadas por lei e que podem ser incluídas como gastos com saúde.

As despesas com saúde estão previstas na Lei Complementar nº 141, que regulamenta o §3º, do art. 198, da Constituição Federal, para dispor sobre os valores mínimos a serem aplicados anualmente pela União, estados, Distrito Federal e municípios em ações e serviços públicos de saúde.

Art. 3º Observadas as disposições do art. 200 da Constituição Federal, do art. 6º da Lei nº 8.080, de 19 de setembro de 1990, e do art. 2o desta Lei Complementar, para efeito da apuração da aplicação dos recursos mínimos aqui estabelecidos, serão consideradas despesas com ações e serviços públicos de saúde as referentes a:

I - vigilância em saúde, incluindo a epidemiológica e a sanitária;

II - atenção integral e universal à saúde em todos os níveis de complexidade, incluindo assistência terapêutica e recuperação de deficiências nutricionais;

III - capacitação do pessoal de saúde do Sistema Único de Saúde (SUS);

IV - desenvolvimento científico e tecnológico e controle de qualidade promovidos por instituições do SUS;

V - produção, aquisição e distribuição de insumos específicos dos serviços de saúde do SUS, tais como: imunobiológicos, sangue e hemoderivados, medicamentos e equipamentos médico-odontológicos;

VI - saneamento básico de domicílios ou de pequenas comunidades, desde que seja aprovado pelo Conselho de Saúde do ente da Federação financiador da ação e esteja de acordo com as diretrizes das demais determinações previstas nesta Lei Complementar;

VII - saneamento básico dos distritos sanitários especiais indígenas e de comunidades remanescentes de quilombos;

VIII - manejo ambiental vinculado diretamente ao controle de vetores de doenças;

IX - investimento na rede física do SUS, incluindo a execução de obras de recuperação, reforma, ampliação e construção de estabelecimentos públicos de saúde;

X - remuneração do pessoal ativo da área de saúde em atividade nas ações de que trata este artigo, incluindo os encargos sociais;

XI - ações de apoio administrativo realizadas pelas instituições públicas do SUS e imprescindíveis à execução das ações e serviços públicos de saúde; e

XII - gestão do sistema público de saúde e operação de unidades prestadoras de serviços públicos de saúde.

Art. 4º Não constituirão despesas com ações e serviços públicos de saúde, para fins de apuração dos percentuais mínimos de que trata esta Lei Complementar, aquelas decorrentes de:

I - pagamento de aposentadorias e pensões, inclusive dos servidores da saúde;

II - pessoal ativo da área de saúde quando em atividade alheia à referida área;

III - assistência à saúde que não atenda ao princípio de acesso universal;

IV - merenda escolar e outros programas de alimentação, ainda que executados em unidades do SUS, ressalvando-se o disposto no inciso II do art. 3º;

V - saneamento básico, inclusive quanto às ações financiadas e mantidas com recursos provenientes de taxas, tarifas ou preços públicos instituídos para essa finalidade;

VI - limpeza urbana e remoção de resíduos;

VII - preservação e correção do meio ambiente, realizadas pelos órgãos de meio ambiente dos entes da Federação ou por entidades não governamentais;

VIII - ações de assistência social;

IX - obras de infraestrutura, ainda que realizadas para beneficiar direta ou indiretamente a rede de saúde; e

X - ações e serviços públicos de saúde custeados com recursos distintos dos especificados na base de cálculo definida nesta Lei Complementar ou vinculados a fundos específicos distintos daqueles da saúde.

15) Qual é a diferença entre restos a pagar e despesas de exercícios anteriores (DEA)?

Em cumprimento ao art. 37 da Lei nº 4.320, os restos a pagar são as despesas de exercícios encerrados, para as quais o orçamento respectivo consignava crédito próprio, com saldo suficiente para atendê-las, que não se tenham processado na época própria, bem como os restos a pagar com prescrição interrompida e os compromissos reconhecidos após o encerramento do exercício correspondente, e poderão ser pagas à conta de dotação específica consignada no orçamento, discriminadas por elemento, obedecida, sempre que possível, a ordem cronológica.

Já, segundo o artigo, as DEAs – Despesas de Exercícios Anteriores, são aquelas fixadas no orçamento, decorrentes de compromissos assumidos em exercícios anteriores àquele em que deva ocorrer o pagamento.

Não podemos confundir as DEAs com restos a pagar, tendo em vista que sequer foram empenhadas ou, se foram, tiveram seus empenhos anulados ou cancelados. Diz o art. 37 da Lei nº 4.320/1964 que

> as despesas de exercícios encerrados, para as quais o orçamento respectivo consignava crédito próprio, com saldo suficiente para atendê-las, que não se tenham processado na época própria, bem como os Restos a Pagar com prescrição interrompida e os compromissos reconhecidos após o encerramento do exercício correspondente, poderão ser pagos à conta de dotação específica consignada no orçamento, discriminada por elementos, obedecida, sempre que possível, a ordem cronológica.

Os restos a pagar com prescrição interrompida são as despesas cuja inscrição como restos a pagar tenha sido cancelada em exercício subsequente, mas ainda é vigente o direito do credor.

As despesas que não se tenham processado na época própria são:
a) aquelas cujo empenho tenha sido considerado insubsistente e anulado no encerramento do exercício correspondente, mas que o credor, dentro do prazo estabelecido, tenha cumprido sua obrigação; não incluem as despesas que deveriam ter sido empenhadas no exercício de origem, mas não o foram em função da falta de planejamento ou de recursos financeiros;
b) todos os compromissos reconhecidos após o encerramento do exercício, a obrigação de pagamento criada em virtude de lei, mas somente reconhecido o direito do reclamante após o encerramento do exercício correspondente.

Observação: o reconhecimento da obrigação de pagamento das despesas com exercícios anteriores cabe à autoridade competente para empenhar a despesa.

16) O que se entende por conta pública do Tesouro?

É chamado de caixa único, princípio contábil que significa que todas as receitas dos entes da Federação devem ser depositadas em uma única conta na Administração Pública.

17) Existe necessidade de previsão orçamentária para elaboração de edital de licitação?

Sim, conforme o disposto no art. 7º, §2º da Lei de Licitação e Contratos (nº 8.666/93), as obras e os serviços somente poderão ser licitados quando:

> I - houver projeto básico aprovado pela autoridade competente e disponível para exame dos interessados em participar do processo licitatório;
> II - existir orçamento detalhado em planilhas que expressem a composição de todos os seus custos unitários;
> III - houver previsão de recursos orçamentários que assegurem o pagamento das obrigações decorrentes de obras ou serviços a serem executadas no exercício financeiro em curso, de acordo com o respectivo cronograma;
> IV - o produto dela esperado estiver contemplado nas metas estabelecidas no Plano Plurianual de que trata o art. 165 da Constituição Federal, quando for o caso.

18) Existe necessidade de previsão orçamentária para assinatura de contratos?

Existe a necessidade de previsão apenas para pagamento das despesas referentes ao exercício. Os demais exercícios serão pagos com o orçamento dos próximos.

19) Qual é o tipo do empenho necessário para celebração de um contrato com pagamentos parcelados?

O tipo de empenho a ser utilizado é o empenho global. Conforme art. 60 da Lei nº 4.320/64, o empenho global deve ser utilizado para despesas contratuais ou outras de valor determinado, sujeitas a parcelamento, como exemplo, os compromissos decorrentes de alugueres.

Ressalta-se que o art. 60 prevê a permissão do empenho global e, não, a obrigação. É utilizado para os casos de despesas contratuais e outras sujeitas a parcelamento. Emite-se um empenho que engloba todo o período do contrato, um exercício, trimestre ou semestre (como julgar mais simples e preciso), evitando, assim, que se tenha de empenhar em toda a entrega (semestral, mensal ou diária).

20) Em que momento deve ser emitida a nota de empenho em relação à assinatura do contrato?

A nota de empenho, em regra, substitui o contrato, mas nos casos previstos no art. 62, da Lei nº 8.666/93, ou seja, concorrência, tomada de preços, bem como nas dispensas e inexigibilidades, cujos preços estejam compreendidos nos limites dessas duas modalidades de licitação, o *instrumento de contrato* é *obrigatório*. Independentemente da obrigatoriedade da realização do instrumento contratual, para existir a segunda fase da despesa, fase contábil, é necessária a emissão da nota de empenho para cumprimento do art. 35, da Lei nº 4.320, que em seguida será substituída pelo instrumento contratual. A nota de empenho deve ser emitida antes da formalização do contrato, e deverá, inclusive, conter seu número.

21) É possível existir orçamento e não existirem recursos financeiros?

Sim, pois o recurso financeiro só irá existir se houver a arrecadação de recursos previstos no orçamento.

22) É possível existirem recursos financeiros e não existir orçamento?

Também é possível, mas será necessária uma lei para incluir novas despesas para fazer face a esses novos recursos arrecadados, uma vez que, se eram certos, deveriam estar previstos no orçamento.

23) Como está previsto o mecanismo de contingenciamento de despesa?

Está previsto no art. 9º, da Lei Complementar nº 101/00, que diz:

> Se verificado, ao final de um bimestre, que a realização da receita poderá não comportar o cumprimento das metas de resultado primário ou nominal estabelecidas no Anexo de Metas Fiscais, os Poderes e o Ministério Público promoverão, por ato próprio e nos montantes necessários, nos trinta dias subseqüentes, limitação de empenho e movimentação financeira, segundo os critérios fixados pela lei de diretrizes orçamentárias.
> §1º No caso de restabelecimento da receita prevista, ainda que parcial, a recomposição das dotações cujos empenhos foram limitados dar-se-á de forma proporcional às reduções efetivadas.
> §2º Não serão objeto de limitação as despesas que constituam obrigações constitucionais e legais do ente, inclusive aquelas destinadas ao

pagamento do serviço da dívida, e as ressalvadas pela lei de diretrizes orçamentárias.

§3º No caso de os Poderes Legislativo e Judiciário e o Ministério Público não promoverem a limitação no prazo estabelecido no caput, é o Poder Executivo autorizado a limitar os valores financeiros segundo os critérios fixados pela lei de diretrizes orçamentárias.

REFERÊNCIAS

ANGÉLICO, João. *Contabilidade Pública*. 8. ed. São Paulo: Atlas, 1995.

BRASIL. *Decreto-Lei nº 201, de 27 de fevereiro de 1967* (Responsabilidade dos Prefeitos e Vereadores). Disponível em: <http://www.planalto.gov.br/ccivil_03/decreto-lei/del0201.htm>. Acesso em: 24 jan. 2015.

BRASIL. *Lei Complementar nº 101, de 04 de maio de 2000* (Lei de Responsabilidade Fiscal). Disponível em: <www.planalto.gov.br/ccivil_03/leis/lcp/lcp101.htm>. Acesso em: 24 jan. 2015.

BRASIL. *Lei nº 8.666, de 21 de junho de 1993*. Regulamenta o art. 37, inciso XXI, da Constituição Federal, institui normas para licitações e contratos da Administração Pública e dá outras providências. Disponível em: <www.planalto.gov.br/ccivil_03/leis/l8666cons.htm>. Acesso em: 24 jan. 2015.

BRASIL. *Lei nº 4.320/64, de 17 de março de 1964*. Estatui Normas Gerais de Direito Financeiro para elaboração e controle dos orçamentos e balanços da União, dos Estados, dos Municípios e do Distrito Federal. Disponível em: <www.planalto.gov.br/ccivil_03/leis/l4320.htm>. Acesso em: 24 jan. 2015.

BRASIL. *Portaria Federal nº 406, de 20 de junho de 2011*. Aprova as Partes II – Procedimentos Contábeis Patrimoniais, III – Procedimentos Contábeis Específicos, IV – Plano de Contas Aplicado ao Setor Público, V – Demonstrações Contábeis Aplicadas ao Setor Público, VI – Perguntas e Respostas e VII – Exercício Prático, da 4ª edição do Manual de Contabilidade Aplicada ao Setor Público - MCASP. Disponível em: <http://www3.tesouro.gov.br/legislacao/download/contabilidade/Port_4062011_MCASP.pdf>. Acesso em: 24 jan. 2015.

CARVALHO, Deusvaldo. *Orçamento e Contabilidade Pública*. Teoria, prática e mais de 800 exercícios. 5. ed. Rio de Janeiro: Elseivier, 2010.

DI PIETRO, Maria Sylvia Zanella. *Direito Administrativo*. São Paulo: Atlas, 2000.

FÜHER, Maximilianus Cláudio Américo; FÜHER, Maximiliano Roberto Ernesto. *Resumo de Direito Administrativo*. 14. ed. São Paulo: Malheiros, 2003.

KOHAMA, Heilio. *Contabilidade Aplicada ao Setor Público – Teoria e prática*. 9. ed. São Paulo: Atlas, 2003.

MACHADO JR., J.; REIS, Heraldo da Costa Teixeira e. *A Lei 4.320 comentada*. Rio de Janeiro: Instituto Brasileiro de Administração Municipal, 1990.

MEIRELLES, Hely Lopes. *Direito Administrativo Brasileiro*. 31. ed. São Paulo: Malheiros, 2005.

SILVA, Lino Martins. *Contabilidade Governamental*. Um enfoque administrativo da nova contabilidade pública. 9. ed. São Paulo: Atlas, 2011.

SILVA, Moacir Marques da; AMORIM, Francisco Antônio de; SILVA, Valmir Leôncio da. *Lei de Responsabilidade Fiscal para os Municípios* – Uma abordagem prática. 2. ed. São Paulo: Atlas, 2007.

SILVA, Sebastião de Sant'Anna e. *Os princípios orçamentários*. Rio de Janeiro: Escola Brasileira de Administração Pública, 1954. p. 32.

SILVA, Valmir Leôncio da. *A nova contabilidade aplicada ao Setor Público* – Uma abordagem prática. 3. ed. São Paulo: Atlas, 2014.

CAPÍTULO 4

CONTROLE INTERNO COMO SUPORTE ESTRATÉGICO DE GOVERNANÇA NO SETOR PÚBLICO

ABRÃO BLUMEN

1 INTRODUÇÃO

O momento atual por que passa a sociedade brasileira tem exigido cada vez mais de nossos administradores públicos, no sentido de cobrar-lhes não só honestidade, atendimento à legislação em vigor, ética profissional, boa gestão dos recursos públicos e transparência dos seus atos de governo, mas, em especial, um maior *controle* nas entidades que lhes cabe administrar.

Esse novo enfoque implica, necessariamente, nova postura e qualificação/profissionalização dos servidores públicos; a instituição de um sistema de análise, avaliação, controle e monitoramento da execução dos programas de trabalho do governo; uma estrutura administrativa com atribuições e responsabilidades bem definidas, e a existência de um ambiente propício para fomentar a economicidade, a eficiência, a eficácia e efetividade dos atos de gestão no dia a dia das entidades públicas.

Deve-se entender o controle interno como parte integrante de um *modelo de gestão*, compreendendo os procedimentos e atividades necessárias para que a entidade alcance os seus objetivos e propósitos. Para tanto, devemos compreender o sistema de *controle interno*, não apenas como instrumento de fiscalização e normalização, mas como um poderoso municiador de informações contábeis, financeiras, patrimoniais, gerenciais e logísticas que permitam ao gestor diagnosticar os seus problemas, selecionar e priorizar alternativas de ação, e tomar decisões.

Claro que os controles, de *per si*, não garantem que as fraudes, as irregularidades, as ineficiências e o desmazelo com o patrimônio público deixem de existir. Porém, um sistema de controle interno adequado, consistente e confiável permitirá focalizar os objetivos/propósitos da organização, alinhando-se estrategicamente a eles e fornecendo informações necessárias e tempestivas ao gestor para que ele possa assumir, compartilhar e minimizar os riscos de sua administração.

Desse modo, o *papel do sistema de controle interno* será ampliar o foco da auditoria interna do sistema de controles para o *risco do negócio* e propor estratégias que devem ser implantadas para gerir e minimizar estes riscos.

2 ENTENDENDO O CONTROLE INTERNO

O que é o *controle interno*?

2.1 Controle da Administração Pública

Podemos considerar a concepção de atividade de controle como o *confronto de qualquer registro com o documento original*, e tem por finalidade verificar a *fidedignidade/confiabilidade dos dados e informações*.

2.2 Objetivos do controle interno

Pessoa (2001, p. 11), de forma muito clara, informa quais são as *contribuições* e *responsabilidades* do sistema de controle interno:

> O Sistema de Controle Interno (no contexto de prestação de contas do administrador público) passa a ser *instrumento de mudança*, apoiando os gestores públicos na realização dos programas governamentais e estimulando a discussão sobre os *resultados* efetivos da gestão de recursos públicos e contribuindo para a prática da *accountability*.[35]

3 FUNDAMENTAÇÃO LEGAL DO CONTROLE INTERNO

As finalidades e atribuições do controle interno encontram-se respaldadas numa vasta *legislação federal*. Não se deve esquecer de

---

[35] Por *accountability* entende-se a "Obrigação de se prestar contas dos resultados obtidos, em função das responsabilidades que decorrem de uma delegação de poder" (NAKAGAWA, 1993, p. 17 *apud* PESSOA, 2001).

que as legislações *estadual* e *municipal sobre o controle interno*, quando existentes, trazem informações importantes com relação às atribuições, competências, operacionalização e funcionalidade do controle interno.

3.1 Lei Federal nº 4.320/64

A Lei Federal nº 4.320/64, que estatui normas gerais de direito financeiro para elaboração e controle dos orçamentos e balanços da União, dos estados, dos municípios e do Distrito Federal, cuida do *controle* nos arts. 75 a 80 e 84.

3.2 Decreto-Lei nº 200/67

O Decreto-Lei nº 200/67 representa a primeira tentativa de constituição de uma administração gerencial, propondo uma *modernização administrativa* que teve por *fundamento* as seguintes premissas, segundo Ribeiro (2002):
- implantação de uma administração científica no setor público (taylorismo);
- expansão da intervenção estatal;
- adoção de planejamento como instrumento de governo para o desenvolvimento;
- transposição para o setor público de instrumentos de gestão do setor privado;
- formalismo;
- tecnoburocracia;
- influência da teoria dos sistemas;
- descentralização administrativa;
- formação de elites profissionais na administração pública;
- foco no rendimento e na produtividade.

3.3 Constituição Federal de 1988

A Constituição Federal deu grande impulso ao sistema de controle interno, incumbindo os respectivos poderes para estabelecê-lo e determinando o seu funcionamento de forma integrada entre o Executivo, o Legislativo e o Judiciário. Entre os artigos que cuidam do controle interno, são importantes os arts. 31, 37, 70 e 74.

3.4 Lei Complementar nº 101/2000 – Lei da Responsabilidade Fiscal (LRF)

A edição da LRF trouxe novas *exigências* para a Administração Pública, promovendo a necessidade de implantação de um sistema de gestão eficaz e responsável e, em especial, deslocando a ênfase para os *resultados, atingimento de metas, avaliação e controle de custos.*

Esquematicamente, podemos vislumbrar as premissas da LRF por meio do seguinte quadro:

A Lei de Responsabilidade Fiscal:
– Propõe ação planejada e transparente.
– Prevê riscos capazes de afetar o equilíbrio das contas públicas.
Novo padrão de governo: iniciativa privada com *governança corporativa.*
– Promove a ideia de *accountability.*
Foco no desempenho, *responsabilização* e dever de *prestar contas.*

Controle interno mais eficiente, eficaz e efetivo.

---

4 SISTEMA DE CONTROLE INTERNO

Neste item, conceituamos o que é sistema de controle interno; qual é a diferença entre sistema de controle interno e o próprio controle interno e quais são as unidades ou subsistemas que integram um sistema de controle interno.

4.1 Definição de sistema

> A ação de administrar, em qualquer organização de caráter público ou privado, pode ser enfocada sob a óptica da *estrutura organizacional,* pela qual a ênfase está na distribuição das *tarefas e responsabilidades,* ou sob o *enfoque sistêmico,* quando o que se busca é identificar o *processo* adotado para se atingir um *resultado,* ou seja, o conjunto de atividades afins, independentemente de quem as exerce, perpassando o próprio organograma. (CRUZ; GLOCK, 2003, p. 43, grifos nossos)

O *enfoque sistêmico* provém da Teoria dos Sistemas, Cibernética e Biologia, que compreende a realidade como um *conjunto de sistemas* e, para entender essa realidade, precisamos analisar as *relações* entre as partes dos sistemas (ou *subsistemas*).

O seguinte esquema é bastante utilizado pelo *enfoque sistêmico* das organizações, em que informações/materiais/insumos, que entram no sistema (*inputs*), são transformados/processados, obtendo-se, por consequência, um resultado, produto/bens/serviços (*outputs*).

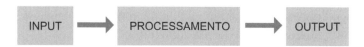

Quando concentramos nossa atenção nas *saídas* da organização, considerada como sistema, estamos preocupados com sua *finalidade*. Quanto maior for a capacidade do sistema em cumprir a finalidade para a qual foi concebida, maior será sua *eficácia*, que é avaliada comparando os *objetivos com os resultados*:

Eficácia = resultados (objetivos) alcançados/objetivos (resultados) pretendidos

Ao concentrarmos nossa atenção nos *recursos utilizados*, passamos a analisar a *eficiência*. Um sistema é *eficiente* quando utiliza racionalmente seus recursos. Quanto mais racional for o uso dos recursos, mais produtivo e eficiente será o sistema. A eficiência é avaliada pela fórmula:

Eficiência = resultados (objetivos) alcançados/recursos utilizados

4.2 O que é um sistema de controle interno?

Um *sistema de controle interno* (PESSOA, 2001) compreende, segundo o IFAC (The International Federation of Accountants), o conjunto de *políticas e procedimentos* adotados pela administração de uma entidade para ajudá-la a atingir o objetivo de assegurar, tanto quanto for praticável, um modo ordenado e eficiente de conduzir seus negócios, incluindo o "cumprimento de políticas administrativas, a salvaguarda de ativo, a prevenção e detecção de fraude ou erro, a precisão e integridade dos registros contábeis, e a preparação *oportuna* de informações financeiras *confiáveis*".

De acordo com Peleias (2003, p. 6), um adequado *sistema de controle interno* deve possuir algumas *características*, que podem ser, com pequenos ajustes, incorporadas ao setor público:

- Ser confiável;
- Estar *adequado à realidade*, complexidade e porte da empresa;
- Ser *estável* para propiciar um adequado *ambiente de controle* e *flexível* o suficiente para permitir modificações que contribuam para a rápida adaptação da empresa ao novo ambiente de negócios;
- Possibilitar o *acompanhamento* e o *controle tempestivo* das atividades, processos de negócios e ciclos de transações;
- Permitir a *otimização* no uso dos recursos;
- Propiciar a *salvaguarda dos ativos*;
- *Prevenir* e detectar roubos e fraudes;
- Apresentar uma *estrutura organizacional* (com organograma funcional), estabelecer *relações organizacionais* e *limites de autoridade;*
- Elaborar *instruções operacionais escritas, aprovações* e *linhas de a*utoridade claramente definidas;
- Apresentar uma *estrutura contábil adequada,* considerando contabilidade geral, de custos, orçamentos, execução fiscal, rotinas de fechamento contábil, procedimentos de auditoria e respectivos manuais;
- Selecionar/admitir empregados com *qualificação profissional compatível* com sua autoridade e atribuições.

4.3 Organização administrativa de um sistema de controle interno

A estruturação do sistema de controle interno do Poder Público pode ser realizada a partir da criação de uma Controladoria Geral do Município, que exerceria o papel de órgão *central* do controle interno e estaria subordinada diretamente ao Gabinete do Prefeito.

As atividades centralizadas do SCI de caráter normativo podem ser exercidas por um órgão *colegiado*, composto por titulares de algumas secretarias municipais previamente definidas, com a indicação de servidores efetivos, para determinado *mandato* por período prefixado e eleitos entre os seus pares. O *objetivo* do órgão colegiado é o de promover *uniformização e integração de entendimentos* sobre matérias de competência do sistema de controle interno.

A implantação de uma Controladoria – como gestora das informações gerenciais/financeiras/contábeis/logísticas/patrimoniais, dentro de um modelo de *administração gerencial* voltada a uma política de *resultados* – deve apresentar, segundo o Prof. Lino da Silva (2002, p. 216), as seguintes características:

- Permite avaliar com precisão a economicidade, a eficiência e a eficácia da gestão;

– Rompe com o controle burocrático e formal e passa ao controle baseado nos resultados;
– Permite maior participação da sociedade nas decisões do Governo, pois desde a elaboração do orçamento vê o cidadão como beneficiário das ações do Governo;
– Desloca a ênfase dos *procedimentos internos* (meios) para *resultados* (fins).

5 QUESTÕES E RESPOSTAS COMPLEMENTARES AO TEMA

1) O que é controle interno?

Attie (2007, p. 182) cita o Comitê de Procedimentos de Auditoria do Instituto Americano de Contadores Públicos Certificados – AICPA, o qual afirma:

> O controle interno compreende o plano de organização e o conjunto coordenado dos métodos e medidas, adotados pela empresa, para proteger o seu patrimônio, verificar a exatidão e a fidedignidade de seus dados contábeis, promover a eficiência operacional e encorajar a adesão à política traçada pela administração.

2) Qual é a importância (função) do controle interno?

Podemos, esquematicamente, apresentar a importância do controle interno com o auxílio da seguinte figura:

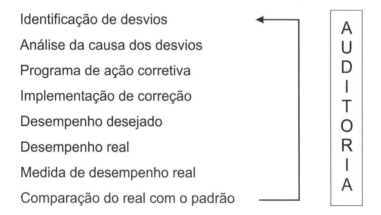

Fonte: KOONTZ; O'DONNELL *apud* ANTUNES, 1998, p. 61.

Explicando a figura em palavras: é função do *controle interno* identificar os padrões de comportamento e/ou desempenho desejável da Administração Pública e o modo como devem ser desenvolvidas as ações, *internamente*, para diagnosticar/avaliar e confrontar a situação real com a desejável, o que é feito, normalmente, por meio de *processos de auditoria* na tentativa de compreender/orientar os processos da organização para o alcance de seus objetivos.

3) Quais são as contribuições e responsabilidades do controle interno?

Pessoa (2001, p. 11), de forma muito clara, informa quais são as *contribuições* e *responsabilidades* do sistema de controle interno:

> O Sistema de Controle Interno (no contexto de prestação de contas do administrador público) passa a ser *instrumento de mudança*, apoiando os gestores públicos na realização dos programas governamentais e estimulando a discussão sobre os *resultados* efetivos da gestão de recursos públicos e contribuindo para a prática da *accountability*.[36]

4) Qual a fundamentação legal do controle interno?

As finalidades e atribuições do controle interno encontram-se respaldadas numa vasta *legislação federal*. O leitor deve buscar informações atualizadas sobre a legislação, entre outros, nos respectivos *sites* de Tribunais de Contas, Órgãos de Controle Interno dos Municípios e Estados, Agências Reguladoras, Conselho Federal de Contabilidade – CFC, Atricon – Associação de Tribunais de Contas, Ibracon – Instituto de Auditores Independentes, Banco Central, Controladoria Geral da União, Órgãos Internacionais, como a Intosai etc.

5) Qual é a importância da Lei nº 4.320/64, ainda em vigor no país, para o controle interno?

A Lei Federal nº 4.320/64, que estatui normas gerais de direito financeiro para elaboração e controle dos orçamentos e balanços da União, dos estados, dos municípios e do Distrito Federal, aborda o *controle orçamentário* nos arts. 75 a 80 e 84.

---

[36] Por *accountability* entende-se a "Obrigação de se prestar contas dos resultados obtidos, em função das responsabilidades que decorrem de uma delegação de poder" (NAKAGAWA, 1993, p. 17 *apud* PESSOA, 2001).

Art. 75. O *controle* da execução orçamentária compreenderá:
I – a *legalidade dos atos* de que resultem a arrecadação de receita ou a realização de despesa, o nascimento ou a extinção de direitos e obrigações;
II – a *fidelidade funcional* dos agentes da administração, responsáveis por bens e valores públicos;
III – o *cumprimento do programa de trabalho* expresso em termos monetários e em termos de realização de obras e prestação de serviços.

Observação: os *programas de trabalho* devem ser avaliados quanto às suas expressões monetárias fixadas no orçamento *versus* suas realizações e *metas físicas* cumpridas, algo que só veio a se consolidar com a Constituição Federal de 1988, quando da elaboração/execução das peças orçamentárias – Plano Plurianual (PPA), Lei das Diretrizes Orçamentárias (LDO) e Lei Orçamentária Anual (LOA).

Art. 76. O *Poder Executivo* exercerá os três *tipos de controle* a que se refere o artigo 75, sem prejuízo das atribuições do Tribunal de Contas ou órgão equivalente (*que tem por atribuição legal o controle externo*).
Art. 77. A verificação da *legalidade* dos atos de execução orçamentária será *prévia, concomitante* e *subseqüente*.

A Constituição Federal de 1988 dispõe, no seu art. 165, §9º, inc. II, que cabe à *lei complementar*: "estabelecer normas de gestão financeira e patrimonial da administração direta e indireta, bem como condições para a instituição e funcionamento de fundos". Até o momento, a referida lei não foi editada.

6) Qual é a importância para o controle interno do Decreto-Lei nº 200/67?

O Decreto-Lei nº 200/67 representou a primeira tentativa de constituição de uma administração moderna e descentralizada, com fundamento nos seguintes princípios:

Art. 6º As atividades da Administração Federal obedecerão aos seguintes *princípios fundamentais*:
I - Planejamento.
II - Coordenação.
III - Descentralização.
IV - Delegação de Competência.
V - *Controle*.

O art. 13 desse mesmo decreto esclarece o que devemos entender por *controle*:

> Art. 13. O *controle* das atividades da Administração Federal deverá exercer-se em todos os *níveis* e em todos os órgãos, compreendendo, particularmente:
> a) o controle, pela *chefia competente* (*controle gerencial*) da execução dos programas e da observância das normas que governam a atividade específica do órgão controlado;
> b) o controle, pelos órgãos *próprios de cada sistema* (ou seja, o *controle interno de cada* órgão) da observância das normas gerais que regulam o exercício das atividades auxiliares;
> c) o controle da aplicação dos dinheiros públicos e da guarda dos bens da União pelos órgãos *próprios* do sistema de *contabilidade* e *auditoria*.

O art. 14 do Decreto nº 200/67 autoriza uma *estratégia* de ação gerencial quanto à consolidação de uma política de controles *administrativos*:

> Art. 14. O trabalho administrativo será racionalizado mediante *simplificação de processos* e *supressão de controles* que se evidenciarem como puramente *formais* ou cujo *custo* seja evidentemente superior ao *risco*.

7) Como o controle interno está regulamentado na Constituição Federal de 1988?

A Constituição Federal deu grande impulso ao sistema de controle interno, incumbindo os respectivos poderes para estabelecê-lo e determinando o seu funcionamento de forma integrada entre o Executivo, o Legislativo e o Judiciário. Entre os artigos que cuidam do controle interno, citaremos os arts. 31, 70 e 74.

> Art. 31. A fiscalização do Município será exercida pelo Poder Legislativo Municipal, mediante controle externo, e pelos *sistemas de controle interno* do Poder Executivo Municipal, na forma da *lei*. [...]
> Art. 70. A *fiscalização* contábil, financeira, orçamentária, operacional e patrimonial da União e das entidades da administração direta e indireta, quanto à *legalidade, legitimidade, economicidade*, aplicação das subvenções e renúncia de receitas, será exercida pelo Congresso Nacional, mediante controle externo, e pelo *sistema de controle interno* de cada Poder.
> Parágrafo único. *Prestará contas* qualquer pessoa física ou entidade pública que utilize, arrecade, guarde, gerencie ou administre dinheiros, bens e valores públicos ou pelos quais a União *responda*, ou que, em nome desta, assuma obrigações de natureza pecuniária. [...]

Art. 74. Os Poderes Legislativo, Executivo e Judiciário manterão, de forma integrada, *sistema de controle interno* com a finalidade de:

I – avaliar o *cumprimento* das metas previstas no plano plurianual (PPA), a execução dos programas de governo e dos orçamentos da União;

II – comprovar a *legalidade* e avaliar os *resultados*, quanto à *eficácia* e *eficiência*, da gestão orçamentária, financeira e patrimonial nos órgãos e entidades da administração federal, bem como a aplicação de recursos públicos por entidades de direito privado;

III – exercer o *controle* das operações de crédito, avais e garantias, bem como dos direitos e haveres da União;

IV – apoiar o *controle externo* no exercício de sua missão institucional.

8) Como a Lei Complementar nº 101/2000 (Lei de Responsabilidade Fiscal) trata o controle interno?

A Lei de Responsabilidade Fiscal trouxe novas *exigências* para a Administração Pública, promovendo a necessidade de implantação de um siste*ma de gestão eficaz e responsável*, deslocando a ênfase para os *resultados, atingimento de metas, avaliação e controle de custos.*

A LRF estabelece normas de finanças públicas para a responsabilidade na gestão fiscal e ressalta o *controle interno*, de forma mais específica, nos arts. 54 e 59, do capítulo sobre transparência, controle e fiscalização.

Art. 1º Esta Lei Complementar estabelece normas de finanças públicas voltadas para a *responsabilidade na gestão fiscal*, [...]
§1º A *responsabilidade da gestão fiscal* pressupõe a ação planejada e transparente, em que se *previnem riscos e corrigem desvios capazes de afetar o equilíbrio das contas públicas*, mediante o *cumprimento de metas de resultados* entre receitas e despesas e a obediência a limites *e condições no que tange* à *renúncia de receita, geração de despesas com pessoal, da seguridade social e outras, dívidas consolidada e mobiliária, operações de garantia e inscrição em Restos a Pagar.*

Observação: ao controle interno compete a *prevenção de riscos e correção de desvios*, capazes de afetar o equilíbrio das contas públicas e, além disso, o *acompanhamento/verificação do cumprimento das metas* estabelecidas e dos *limites* previstos na legislação.

Art. 54. Ao final de cada quadrimestre será emitido pelos titulares dos Poderes e órgãos referidos no art. 20, o *Relatório de Gestão Fiscal*, assinado pelo:
I – Chefe do Poder Executivo; [...]

Parágrafo único. O relatório também será assinado pelas autoridades responsáveis pela administração financeira e pelo *controle interno* [...]

Art. 59. O Poder Legislativo, diretamente ou com o auxílio dos Tribunais de Contas, e o *sistema de controle interno* de cada Poder e do Ministério Público, *fiscalizarão* o cumprimento das normas desta Lei Complementar, com ênfase no que se refere a: [...]

I – atingimento das *metas* estabelecidas na lei de diretrizes orçamentárias (LDO);

II – limites e condições para realização de *operações de crédito* e inscrição em *Restos a Pagar*;

III – medidas adotadas para o retorno da *despesa total* com pessoal ao respectivo limite nos termos dos arts. 22 e 23;

IV – providências tomadas, conforme o disposto no art.31, para recondução dos montantes das *dívidas consolidada e mobiliária* aos respectivos limites;

V – destinação dos recursos obtidos com a *alienação de ativos*, tendo em vista as restrições constitucionais e as desta Lei Complementar;

VI – cumprimento do *limite de gastos totais* dos legislativos municipais, quando houver.

Observação: nesse sentido, a LRF, ao legitimar a *obrigatoriedade do controle interno*, passou a trazer uma maior preocupação aos gestores públicos, tanto do poder federal, como estadual e municipal, com a necessidade de instituição de um controle interno *eficiente, eficaz* e *efetivo*.

9) O que se entende por um sistema de controle interno?

Sistema é um conjunto de funções e processos, logicamente estruturados, de modo a possibilitar o planejamento, a coordenação e o *controle das atividades organizacionais*, com a finalidade de atender aos objetivos da entidade.

Um *sistema de controle interno* (PESSOA, 2001) compreende, segundo o IFAC (The International Federation of Accountants) o conjunto de *políticas e procedimentos* adotados pela administração de uma entidade para ajudá-la a atingir o objetivo de assegurar, tanto quanto for praticável, um *modo ordenado e eficiente* de conduzir seus negócios, incluindo: "cumprimento de políticas administrativas, a salvaguarda de ativo, a prevenção e detecção de fraude ou erro, a precisão e integridade dos registros contábeis, e a preparação *oportuna* de informações financeiras *confiáveis*".

A estruturação do sistema de controle interno do Poder Público pode ser realizada a partir da criação de uma *Controladoria Geral* que exerceria o papel de órgão *central* do controle interno e estaria subordinada diretamente ao Gabinete da Chefia do Executivo, Legislativo ou Judiciário.

10) Como pode ser estruturado um sistema de controle interno?

O *sistema de controle interno* poderia ser integrado pelas seguintes unidades/subsistemas, a título de exemplificação:
- Planejamento, Finanças e Orçamento;
- Órgãos Setoriais de Controle Interno nas Secretarias Municipais, Subprefeituras, Autarquias e na Administração Indireta;
- Assessoria Jurídica, Economia, Engenharia, Políticas Públicas, Suporte de Comunicação/TI, Núcleo de Análise de Custos etc.;
- Auditoria Interna;
- Ouvidoria;
- Corregedoria.

A criação das atividades do sistema de controle interno deve ser, preferencialmente, na forma de *lei* (*e não decreto, portaria ou outro instrumento legal*).

11) Como implantar uma controladoria nos moldes de uma administração gerencial (por resultados)?

A implantação de uma controladoria, como gestora das informações gerenciais, financeiras, contábeis, logísticas, patrimoniais e outras necessárias – dentro de um modelo de *administração gerencial*, voltada a uma política de *resultados*, deve apresentar, segundo o saudoso Prof. Lino da Silva (2002, p. 216), as seguintes características:

- Permite avaliar com precisão a economicidade, a eficiência e a eficácia da gestão;
- Rompe com o *controle burocrático* e formal e passa ao *controle baseado nos resultados*;
- Permite maior *participação* da sociedade nas decisões do Governo, pois desde a elaboração do orçamento vê o cidadão como beneficiário das ações do Governo;
- Desloca a ênfase dos *procedimentos internos* (meios) para *resultados* (fins).

12) Quem deve ser o responsável pelo sistema de controle interno?

Não existe a figura do *responsável* pelo controle interno, *pois todos são responsáveis, cada um em relação a sua* área *de atuação*. Existe, sim, a figura do *responsável pelo órgão central do sistema de controle interno* ou pela unidade de coordenação do controle interno, formalmente constituída, a qual, por imposição legal, deverá assumir, também o exercício de alguns controles relevantes. (CRUZ; GLOCK, 2003, p. 26)

O Sistema de controle interno é de responsabilidade da administração da entidade. Cabe ao auditor interno, no entanto, efetuar sugestões para o aprimoramento do sistema de controles, bem como colaborar para a efetividade dos seus resultados.

É importante lembrarmos o §1º, do art. 74, da Constituição Federal, que estabelece a responsabilidade daqueles que cuidam do controle interno, perante o Tribunal de Contas:

> Art. 74 [...]
> §1º Os *responsáveis pelo controle interno*, ao tomarem conhecimento de qualquer *irregularidade* ou *ilegalidade*, dela darão ciência ao Tribunal de Contas da União (ou ao Tribunal de Contas que couber), sob pena de *responsabilidade solidária.*

13) No sistema de controle interno, quais são as atribuições do órgão central (unidade central) e dos órgãos setoriais (seccionais)?

À *unidade central* caberia um rol bastante extenso de competências e responsabilidades que se encontram respaldadas em textos legais, a seguir discriminados:

– arts. 31, 70 e 74 da *Constituição Federal*;
– arts. 75 a 80 e 84 da *Lei nº 4.320/64*;
– arts. 54, parágrafo único, 55 e 59 da *Lei da Responsabilidade Fiscal*;
– portarias, resoluções e normas internas de *Tribunais de Contas* para remessa de informações, atendimento às orientações administrativas e contábeis;
– *legislações estaduais e municipais* relacionadas ao controle interno/ prestação de contas/tomada de contas/adiantamentos/suprimento de fundos/controle de bens patrimoniais etc.

Às *unidades (órgãos) setoriais/seccionais – unidades componentes da estrutura organizacional do controle interno –* caberiam as seguintes responsabilidades, segundo Cruz e Glock (2003):

– Exercer o controle, através dos diversos níveis de *chefia*, dos diversos sistemas administrativos, objetivando o *cumprimento* dos programas, objetivos e metas espelhadas no PPA, na LDO e nos Orçamentos;
– Exercer o *controle* sobre a observância à *legislação* e às *normas gerais* que orientam a atividade específica dos órgãos de cada sistema e que regulam o exercício das atividades auxiliares;

– Exercer o *controle* sobre o *uso e guarda de bens* pertencentes ao Município, colocados à disposição de qualquer pessoa física ou entidade que os utilize no exercício de suas funções;

– *Avaliar*, sob o aspecto da *legalidade*, a execução dos contratos, convênios e instrumentos congêneres, afetos ao respectivo sistema administrativo, em que o Município seja parte.

14) Qual deve ser a vinculação hierárquica do sistema de controle interno?

Da Silva (2002) menciona três possíveis *tipos de estrutura* do órgão de controle contábil como: *centralizada (para municípios de pequeno porte), descentralizada e integrada*. De maior interesse, comentaremos os modelos de estrutura *descentralizada* e *integrada*. Na estrutura do *tipo descentralizada*, cada Unidade do Governo tem seu próprio órgão de contabilidade, havendo um *núcleo central* incumbido da centralização, normalização técnica e fiscalização.

A *estrutura integrada* pressupõe a existência de um órgão *central* de controle com delegações funcionando nos respectivos órgãos. Essas delegações são *técnica e administrativamente subordinadas ao núcleo central do sistema*. Esse é o caso do município do Rio de Janeiro, onde o órgão *central*, instituído como sistema integrado de fiscalização financeira, contabilidade e auditoria, é a Controladoria Geral do Município, *subordinada diretamente ao Prefeito*.

15) O que é auditoria interna? Auditoria interna e controle interno têm as mesmas atribuições?

Não devemos confundir *controle interno* e *auditoria interna*. A *auditoria interna* pode constituir uma *unidade administrativa (que compõe o sistema de controle interno)*, responsável pela avaliação sistemática e programada da *efetivação dos controles internos*.

Representa um órgão, dentro da estrutura organizacional, que tem como preocupação o *acompanhamento, revisão, avaliação e aprimoramento dos controles internos*.

Assim, auditoria interna é conceituada pelo renomado Instituto de Auditores Internos (IIA, 2002) como:

> Atividade *independente*, de fornecimento de segurança *objetiva* e de *consultoria* que visa *acrescentar valor* a uma organização e melhorar suas operações. Trazendo para a organização uma abordagem sistemática e disciplinada para avaliação e melhora da eficácia de seus processos de gerenciamento de risco, controle e governança, ajuda a *atingir seus objetivos*.

O processo de auditoria interna é *multidisciplinar*, podendo contar com o uso de trabalho de *especialistas* de outras áreas do conhecimento, quando necessário para determinados esclarecimentos e pareceres técnicos.

16) Como a Norma NBC T-16.8, do Conselho Federal de Contabilidade, conceitua controle interno?

A Norma NBC T-16.8 – Controle Interno do Conselho Federal de Contabilidade, editada em 21.11.2008, traz o seguinte conceito de *controle interno*:

> Controle Interno sob o *enfoque contábil* compreende o conjunto de recursos, métodos, procedimentos e processos adotados pela entidade do setor público, com a finalidade de:
> (a) salvaguardar os ativos e assegurar a veracidade dos componentes patrimoniais;
> (b) dar conformidade ao registro contábil em relação ao ato correspondente;
> (c) propiciar a obtenção de informação oportuna e adequada;
> (d) estimular adesão às normas e às diretrizes fixadas;
> (e) contribuir para a promoção da eficiência operacional da entidade;
> (f) auxiliar na prevenção de práticas ineficientes e antieconômicas, erros, fraudes, malversação, abusos, desvios e outras inadequações.
> (Grifos nossos)

17) Quais são os princípios de controle interno?

A existência de controles internos eficientes, eficazes e seguros, contribui, de forma acentuada, para a geração de informações fidedignas que permitem ao gestor construir um *painel de indicadores* que mostram como estão sendo conduzidas as ações e se elas convergem para o alcance da *missão e objetivos* da entidade.

A IN nº 01/01, da Controladoria Geral da União (CGU), estabelece como *princípios de controle interno administrativo*:

> I – *relação custo X benefício* – consiste na avaliação do custo de um controle em relação aos benefícios que ele possa proporcionar;
> II – *qualificação* adequada, treinamento e rodízio de funcionários – a eficácia dos controles internos está diretamente relacionada com a competência, formação profissional e integridade do pessoal. É imprescindível haver uma política de pessoal que contemple:
> a. seleção e treinamento de forma criteriosa e sistematizada, buscando melhor rendimento e menores custos;

b. rodízio de funções, com vistas a reduzir/eliminar possibilidades de fraudes;

c. obrigatoriedade de funcionários gozarem férias regularmente, como forma, inclusive, de evitar a dissimulação de irregularidades.

III – *delegação de poderes e definição de responsabilidades* – a delegação de competência, conforme previsto em lei, será utilizada como instrumento de descentralização administrativa, com vistas a assegurar maior rapidez e objetividade às decisões. O ato de delegação deverá indicar, com precisão, a autoridade delegante, delegada e o objeto da delegação.

IV – *segregação de funções* – a estrutura das unidades/entidades deve prever a separação entre as funções de autorização/aprovação de operações, execução, controle e contabilização, de tal forma que nenhuma pessoa detenha competências e atribuições em desacordo com este princípio;

V – *instruções devidamente formalizadas* – para atingir um grau de segurança adequado é indispensável que as ações, procedimentos e instruções sejam disciplinados e formalizados por meio de instrumentos eficazes e específicos: ou seja, claros e objetivos e emitidos por autoridade competente;

VI – *controle sobre as transações* – é imprescindível estabelecer o acompanhamento dos fatos contábeis, financeiros e operacionais, objetivando que sejam efetuados mediante atos legítimos, relacionados com a finalidade da unidade/entidade e autorizados por quem de direito;

VII – *aderência a diretrizes e normas legais (compliance)*[37] – o controle interno deve assegurar observância às diretrizes, planos, normas, leis, regulamentos e procedimentos administrativos, e que os atos e fatos de gestão sejam efetuados mediante atos legítimos, relacionados com a finalidade da unidade/entidade.

Os *controles internos* administrativos, segundo a IN nº 01/01, devem ser prioritariamente *preventivos*. Devem ter mecanismos estabelecidos para *correção* de eventuais desvios com relação aos *padrões* estabelecidos, tornando-se importantes *instrumentos* auxiliares de gestão, bem como estarem direcionados para o *atendimento* a todos os níveis hierárquicos da administração.

18) Como estruturar um adequado sistema de controle interno?

Uma das grandes dificuldades, na implantação de qualquer novo procedimento/modelo de gestão/aperfeiçoamento de técnicas e/ou

---

[37] *Compliance* significa "conformidade", isto é, a qualidade do que é conforme (com a legislação e com as regras do negócio), e não pode ser confundido com o conceito de controles internos. Os controles internos são um processo e, a conformidade, um dos elementos do sistema de controles internos.

metodologia de trabalho, em qualquer área, pública ou privada, é *superar paradigmas e cultura organizacional existentes*, conciliando expectativas e resultados e esforçando-se para diminuir a distância entre a teoria e a prática.

Para melhor entender os conceitos aqui abordados, elaboramos o presente *roteiro*, que poderá servir de *apoio* aos profissionais do setor para tornar o caminho menos árduo:

1. Criar, por meio de *lei*, a unidade de coordenação central (UCC) (*controladoria geral*), compondo um sistema de controle interno do Poder Executivo.
2. Estabelecer a abrangência de atuação do SCI, natureza jurídica das unidades subordinadas e atribuições específicas. A *auditoria interna* deverá abranger toda a administração direta e indireta e entidades beneficiadas com a utilização de recursos públicos.
3. Subordinar, administrativamente, a UCC diretamente ao Gabinete do Executivo principal (Prefeito/Governador/Presidente/Superintendente etc.).
4. Recrutar pessoal em processo seletivo por meio de *concurso público*, provendo os cargos efetivos pertencentes ao quadro técnico, definindo, além disso: escolaridade, experiência, conhecimentos e qualificações necessárias e estabelecendo políticas de remuneração – gratificações de função por pontuação, incentivos salariais por meio de metas de produtividade, custeio para despesas de deslocamento, política de capacitação profissional e mecanismos de evolução funcional etc.
5. Determinar as *vedações/impedimentos* para os servidores com função nas atividades de controle interno, coibindo, desse modo, conflitos de interesse.
6. Estabelecer as *atividades, responsabilidades e atribuições* da controladoria geral (ou UCC) e do *pessoal técnico* do setor. Valer-se da IN nº 01/01 da SFC e da fundamentação legal já comentada (em especial, os *arts. 74 da CF/88 e 59 da LRF*).
7. Formatar a *estrutura orgânica* básica da controladoria geral (UCC), unidades setoriais ou unidades seccionais, sobretudo, considerando: atribuições/composição/inserção nos órgãos da administração.
8. Estabelecer o *planejamento das ações* do sistema de controle interno, incluindo metodologia, procedimentos e rotinas de

trabalho, bem como ações de fiscalização e elaboração do plano de atividades do SCI.
9. Elaborar *plano de atividades* do SCI, contemplando os seguintes tópicos: diagnóstico das atividades críticas e/ou relevantes/ áreas com maior volume de transações ou mais vulneráveis e com maior risco operacional/relevância dos programas constantes no PPA e metas estabelecidas na LDO/atendimento à legislação vigente e normas regulamentadoras dos Tribunais de Contas/Agências Reguladoras; definição dos objetos de auditoria/escopo de trabalho/pontos de controle ou de falhas/ extensão, natureza e periodicidade dos exames de auditoria; modalidades de fiscalização e/ou auditoria/definição da quantidade de horas-homem/habilitação necessária e, por fim, aprovação pelo Executivo principal.
10. Instituir *comissões/comitês ou grupos de trabalho* para implantação do sistema de controle interno em recursos humanos, objetivando estabelecer critérios de seleção para provimento efetivo e realização de concurso público/para implementação de normas/rotinas/normalização do sistema de controle interno e para gestão de riscos e *compliance* e outros, entendidos como necessários e oportunos.

APÊNDICE

MINUTA DE PROJETO DE LEI PARA IMPLANTAÇÃO DO SISTEMA DE CONTROLE INTERNO

No apêndice do *Guia de Organização do Sistema de Controle Interno Municipal* (Porto Alegre, 2007, p. 66-76), encontra-se uma minuta de projeto de lei que cria a unidade de controle interno nos municípios (a seguir reproduzida).

MODELO DE PROJETO DE LEI PARA A ORGANIZAÇÃO DO SISTEMA DE CONTROLE INTERNO NOS MUNICÍPIOS (CONTROLADORIA E AUDITORIA)

Dispõe sobre a organização e a atuação do Sistema de Controle Interno no Município e dá outras providências.

CAPÍTULO I
DAS DISPOSIÇÕES PRELIMINARES

Art. 1º A organização e fiscalização do Município pelo sistema de controle interno ficam estabelecidas na forma desta Lei, nos termos do que dispõe o art. 31 da Constituição da República.

Parágrafo único. O disposto neste artigo alcança a Administração Direta e seus Poderes, a Administração Indireta, os Consórcios que a Administração fizer parte, os permissionários e concessionários de serviços públicos, beneficiários de subvenções, contribuições, auxílios e incentivos econômicos e fiscais.

CAPÍTULO II
DAS FINALIDADES DO SISTEMA DE CONTROLE INTERNO

Art. 2º O Sistema de Controle Interno do Município, com atuações prévias, concomitantes e posterior aos atos administrativos, visa à avaliação e controle da ação governamental e da gestão fiscal dos administradores municipais, por intermédio da fiscalização contábil, financeira, orçamentária, operacional e patrimonial, quanto à legalidade, impessoalidade, moralidade, publicidade e eficiência, aplicação das subvenções e renúncia de receitas e, em especial, tem as seguintes atribuições:

I – avaliar, no mínimo, por exercício financeiro, o cumprimento das metas previstas no Plano Plurianual, a execução dos programas de governo e os orçamentos do Município;

II – colaborar e controlar o alcance do atingimento das metas fiscais de resultados primário e nominal;

III – colaborar e controlar o alcance do atingimento das metas físicas das ações de governo e os resultados dos programas de governo, mediante indicadores de desempenho definidos no Plano Plurianual, quanto à eficácia, à eficiência e à efetividade da gestão nos órgãos e nas entidades da Administração Pública Municipal;

IV – comprovar a legitimidade dos atos de gestão;

V – exercer o controle das operações de crédito, avais e garantias, bem como dos direitos e haveres do Município;

VI – apoiar o controle externo no exercício de sua missão institucional;

VII – realizar o controle dos limites e das condições para a inscrição de despesas em restos a pagar;

VIII – supervisionar as medidas adotadas pelos Poderes, para o retorno da despesa total com pessoal ao respectivo limite, caso necessário, nos termos dos arts. 22 e 23 da Lei Complementar nº 101-2000;

IX – tomar as providências indicadas pelo Poder Executivo, conforme o disposto no art. 31 da Lei Complementar nº 101-2000, para recondução dos montantes das dívidas consolidada e mobiliária aos respectivos limites;

X – efetuar o controle da destinação de recursos obtidos com a alienação de ativos, tendo em vista as restrições da Lei Complementar nº 101-2000;

XI – realizar o controle sobre o cumprimento do limite de gastos totais do Poder Legislativo, inclusive no que se refere ao atingimento de metas fiscais, nos termos da Constituição Federal e da Lei Complementar nº 101-2000, informando-o sobre a necessidade de providências;

XII – cientificar a(s) autoridade(s) responsável(eis), a Controladoria e a Auditoria, quando constatadas ilegalidades ou irregularidades na Administração Municipal, conforme o caso.

CAPÍTULO III
DA ORGANIZAÇÃO DO SISTEMA DE CONTROLE INTERNO

Seção I
Dos Poderes, Órgãos, Entidades e Agentes que Integram o Sistema de Controle Interno

Art. 3º Integram o Sistema de Controle Interno do Município os Poderes Executivo e Legislativo, os órgãos da administração direta, as entidades da administração indireta e seus respectivos agentes públicos.
Parágrafo único. A coordenação e normatização dos controles ficam a cargo da Controladoria e a fiscalização a posteriori, por meio de auditorias a cargo do departamento de Auditoria Interna.

Seção II
Da Estrutura Administrativa da Controladoria e da Auditoria

Art. 4º Lei específica disporá sobre:
I – a alteração da estrutura administrativa do Município, de que trata a Lei nº ____/____, para a inserção da Controladoria e da Auditoria no organograma.
II – a criação de cargos e de função de confiança de coordenação da Controladoria e da Auditoria, as respectivas atribuições e a remunerações.
Art. 5º A designação das funções de confiança de que trata o artigo anterior é privativa do Chefe do Poder Executivo Municipal e dar-se-á dentre os servidores de provimento efetivo, com capacitação técnica e profissional para o exercício do cargo.
§1º Para atender o disposto neste artigo, considerar-se-á a seguinte ordem de preferência:
I – possuir especialização, mestrado ou doutorado na área de controladoria ou auditoria respectivamente;
II – possuir nível superior na área de Ciências Contábeis;
III – ter desenvolvido projetos e estudos técnicos de reconhecida utilidade para o Município;
IV – maior tempo de experiência na Administração Pública.
§2º. Não poderão ser designados os servidores:

I – contratados por excepcional interesse público;
II – em estágio probatório;
III – que tiverem sofrido penalização administrativa, civil ou penal transitada em julgado;
IV – que realizem atividade político-partidária;
V – que exerçam, concomitantemente com a atividade pública, qualquer outra atividade profissional;
VI – que possuírem parentesco com o Chefe do Poder Executivo, até o terceiro grau;
VII – que tiverem, nos últimos doze (12) meses, afastamentos do serviço público superiores a 45 (quarenta e cinco) dias consecutivos ou alternados.
§3º. Ao cônjuge do Chefe do Poder Executivo aplica-se o disposto no parágrafo anterior.
§4º. Constitui exceção à regra prevista no §2º, inciso II, quando necessária a realização de concurso público para investidura em cargo necessário à composição da Controladoria ou Auditoria.
Art. 6º. Em caso de a Auditoria ser formada por apenas um profissional, este deverá possuir formação acadêmica em Ciências Contábeis e registro em Conselho Regional de Contabilidade.
Parágrafo único. No caso de a Auditoria ser integrada por mais de um servidor, o responsável pela análise e verificação das demonstrações e operações contábeis deverá, necessariamente, possuir curso superior em Ciências Contábeis e registro profissional em Conselho Regional de Contabilidade.

Seção III
Das Garantias dos Servidores da Controladoria e da Auditoria

Art. 7º São garantias dos servidores da Controladoria e da Auditoria:
I – autonomia profissional para o desempenho das atividades na administração direta e indireta;
II – acesso a documentos e banco de dados indispensáveis ao exercício das funções de controle interno;
Art. 8º O agente público que, por ação ou omissão, causar embaraço, constrangimento ou obstáculo à atuação da Controladoria e da Auditoria no desempenho de suas funções, ficará sujeito à pena de responsabilidade administrativa, civil e penal.
Parágrafo único. Quando a documentação ou a informação envolver assuntos de caráter sigiloso, deverá ser dispensado tratamento especial de acordo com o estabelecido pelo Chefe do Poder Executivo.

Art. 9º Os servidores da Controladoria e da Auditoria deverão guardar sigilo sobre dados e informações pertinentes aos assuntos a que tiver acesso em decorrência do exercício de suas funções, utilizando-os, exclusivamente, para a coordenação, normatização e fiscalização, sob pena de responsabilidade.

Seção IV
Da Competência da Controladoria e da Auditoria

Subseção I
Da Controladoria

Art. 10. Compete à Controladoria a organização e normatização dos serviços de controle interno.
§1º Para o cumprimento das atribuições previstas no caput deste artigo, a Controladoria terá como atribuições:
I – dispor sobre a necessidade da instauração de serviços seccionais de contabilidade e controles internos na administração direta, indireta e Poder Legislativo.
II – utilizar técnicas de controle interno, com a observância dos princípios de controle interno da INTOSAI – Organização Internacional de Instituições Superiores de Auditoria;
III – regulamentar as atividades de controle, por meio de instruções normativas;
IV – emitir parecer sobre as contas prestadas ou tomadas por órgãos e entidades relativas a recursos públicos repassados pelo Município;
V – aprovar, rejeitar e solicitar esclarecimentos ou documentos de prestações de contas dos recursos públicos recebidos pelo Município a órgãos de outras esferas de governo;
VI – criar condições para o exercício do controle social sobre os programas contemplados com recursos oriundos dos orçamentos do Município;
VII – concentrar as consultas a serem formuladas pelos diversos subsistemas de controle do Município;
VIII – responsabilizar-se pela disseminação de informações técnicas e legislação aos subsistemas responsáveis pela elaboração dos serviços;
XI – organizar o sistema de custos do município;
X – propor a realização de treinamentos aos servidores;
XI – representar à Auditoria sobre irregularidades verificadas na gestão de recursos do Município.

§2º As instruções normativas de controle interno terão força de regras que, sendo descumpridas, importarão em infração disciplinar a ser apurada nos termos do regime de trabalho a que se enquadra o agente público infrator.

Subseção II
Da Auditoria

Art. 11. Compete à Auditoria a fiscalização pela aderência dos servidores aos controles internos, bem como a fiscalização da legitimidade da aplicação dos recursos públicos, da eficiência do gasto, da fiscalização da instituição e ingresso de recursos, renúncias de receitas, subvenções e prestações de contas.
Parágrafo único. Para o cumprimento das atribuições previstas no caput deste artigo, a Auditoria terá como atribuições:
I – determinar a realização de inspeção ou auditoria sobre a gestão dos recursos públicos municipais sob a responsabilidade de órgãos e entidades públicas e privadas;
II – dispor quanto às denúncias encaminhadas pelos cidadãos, partidos políticos, organização, associação ou sindicato, sobre irregularidades ou ilegalidades na Administração Municipal.
III – opinar em prestações ou tomadas de contas, exigidas por força de legislação.
IV – efetuar, em caso de irregularidade:
a) a oportunização ao servidor ou setor o qual se imputa irregularidade o contraditório e ampla defesa;
b) representar aos responsáveis pelas unidades administrativas para efeitos de controle hierárquico;
c) representar à Controladoria, para efeitos de adoção de procedimentos corretivos e/ou preventivos;
d) representar ao Prefeito, em caso de a irregularidade não ser sanada;
e) representar ao Tribunal de Contas em caso de não-saneamento da falha e/ou em casos de prejuízo ao erário;
f) disponibilizar ao Tribunal de Contas, na forma estabelecida por este, todos os atos de seu exercício fiscalizatório.

Seção V
Da Assinatura dos Relatórios de Gestão Fiscal

Art. 12. Os Relatórios de Gestão Fiscal do Chefe do Poder Executivo e do Poder Legislativo, previstos no art. 54 da Lei Complementar nº 101-2000, serão assinados pelo respectivo chefe do Poder, pelo profissional

responsável pela Contabilidade, pelo responsável pela administração financeira e também pelo Coordenador da Auditoria Interna.
Parágrafo único. Em caso de divergência da Auditoria em relação a informações do relatório de gestão fiscal e os fatos não terem sido sanados antes da emissão do relatório, estes serão identificados no relatório de auditoria e representados ao Tribunal de Contas do Estado.

CAPÍTULO IV
DAS DISPOSIÇÕES FINAIS

Art. 13. Nos termos da legislação poderão ser contratados especialistas para atender às exigências de trabalho técnico específico, em caráter temporário, em áreas de atuação não contempladas pelos profissionais integrantes da Controladoria ou da Auditoria, ou em situações cuja necessidade de serviço impeça o seu funcionamento normal.
Art. 14. Esta Lei entra em vigor na data de sua publicação.

PREFEITO MUNICIPAL

REFERÊNCIAS

ARAUJO, Inaldo da Paixão Santos. *Introdução à Auditoria Operacional*. Rio de Janeiro: FGV, 2001.

AVALOS, José Miguel Aguilera. *Auditoria e gestão de riscos*. São Paulo: Saraiva, 2009.

BRASIL. Ministério da Fazenda. Secretaria Federal de Controle Interno. *Instrução Normativa nº 01, de 06 de abril de 2001*. Disponível em: <http://www.cgu.gov.br/sfc/leg_inf_tec/legislacao/inst_normativas/IN01.DOC>. Acesso em: 24 jan. 2015.

BRASIL. Tribunal de Contas da União. *Manual de Auditoria Operacional*. 3. ed. Brasília: TCU, Secretaria de Fiscalização e Avaliação de Programas de Governo, 2010.

CAVALHEIRO, Jader Branco; FLORES, Paulo César. *A Organização do Sistema de Controle Interno Municipal*. Porto Alegre: Conselho Regional de Contabilidade do Rio Grande do Sul e Associação dos Membros dos Tribunais de Contas do Brasil – ATRICON, 2007.

GIL, Antonio de Loureiro. *Como evitar fraudes, pirataria e conivência*. São Paulo: Atlas, 1998.

INSTITUTO RUI BARBOSA. *Normas de Auditoria Governamental* – NAGs aplicáveis ao controle externo brasileiro, 2010.

LONGO, Elisandro. *Guia prático para elaboração de fluxograma*. São Paulo: Sicurezza, 2009.

ORGANIZAÇÃO INTERNACIONAL DE ENTIDADES FISCALIZADORAS SUPERIORES – INTOSAI. *Diretrizes para as normas de controle interno do setor público*. Trad. Cristina Maria Cunha Guerreiro, Delanise Costa e Soraia de Oliveira Ruther. Salvador: Tribunal de Contas do Estado da Bahia, 2007.

Esta obra foi composta em fonte Palatino Linotype e Frankfurt, corpo 10
e impressa em papel Offset 75g (miolo) e Supremo 250g (capa)
pela Gráfica e Editora O Lutador, em Belo Horizonte/MG.